Eilige Gaumenfreuden

Schnelle und einfache Rezepte für geschmackvolle Momente

Inhaltsverzeichnen

Einleitung

Willkommen zu "Eilige Gaumenfreuden"

Willkommen zu "Eilige Gaumenfreuden"! Dieses Buch ist für alle gedacht, die in unserer hektischen Welt trotz Zeitmangel köstliche und gesunde Mahlzeiten genießen möchten. Egal, ob Sie ein vielbeschäftigter Profi, eine gestresste Elternteil oder einfach jemand sind, der den Aufwand in der Küche minimieren möchte – dieses Buch wird Ihnen zeigen, dass schnelle Küche nicht auf Geschmack verzichten muss.

Wir leben in einer Zeit, in der Zeit ein kostbares Gut ist. Zwischen Arbeit, Familie, Freunden und persönlichen Verpflichtungen bleibt oft wenig Raum für aufwendige Kochprojekte. Doch gerade das Zubereiten von Mahlzeiten kann ein Moment der Entspannung und Freude sein, wenn man die richtigen Rezepte und Techniken kennt. In "Eilige Gaumenfreuden" finden Sie eine Sammlung von Rezepten, die nicht nur schnell und einfach zuzubereiten sind, sondern auch geschmacklich überzeugen.

Die Kunst der schnellen Küche

Schnelle Küche bedeutet nicht, auf Fertiggerichte oder ungesunde Optionen zurückzugreifen. Vielmehr geht es darum, effizient zu arbeiten und kluge Entscheidungen zu treffen, die Zeit sparen, ohne die Qualität zu beeinträchtigen. Hier sind einige Prinzipien, die die Kunst der schnellen Küche ausmachen:

1. **Organisation ist der Schlüssel**: Eine gut organisierte Küche kann den Unterschied machen. Halten Sie Ihre häufig verwendeten Zutaten und Werkzeuge griffbereit. Eine aufgeräumte Arbeitsfläche und ein klar strukturierter Kühlschrank erleichtern die Zubereitung ungemein.

2. **Vorratshaltung**: Ein gut gefüllter Vorratsschrank mit Grundzutaten wie Nudeln, Reis, Konserven und Gewürzen ermöglicht es Ihnen, schnell und flexibel zu kochen. Auch Tiefkühlgemüse und -obst sind wertvolle Helfer, die Zeit sparen und dennoch nährstoffreich sind.

3. **Einfache und frische Zutaten**: Wählen Sie Zutaten, die sich schnell und einfach verarbeiten lassen. Frisches Gemüse, Fisch, Geflügel und mageres Fleisch sind perfekte Ausgangspunkte für schnelle Mahlzeiten. Auch vorgewaschene und geschnittene Produkte können Zeit sparen.

4. **Multifunktionale Geräte**: Investieren Sie in Küchengeräte, die Ihnen mehrere Aufgaben abnehmen können, wie zum Beispiel einen Schnellkochtopf, eine Küchenmaschine oder einen Stabmixer. Diese Geräte verkürzen die Zubereitungszeit erheblich.

5. **Vorbereitung ist alles**: Wenn Sie die Zeit haben, bereiten Sie einige Zutaten im Voraus zu. Waschen und schneiden Sie Gemüse, kochen Sie große Mengen an Reis oder Nudeln und bewahren Sie diese im Kühlschrank auf, um sie später schnell verwenden zu können.

6. **Einfache Rezepte mit wenigen Zutaten**: Komplexe Rezepte mit vielen Zutaten sind oft zeitaufwendig. Suchen Sie nach einfachen Rezepten, die mit wenigen, aber qualitativ hochwertigen Zutaten auskommen. Diese schmecken oft genauso gut, wenn nicht sogar besser.

7. **Vermeidung von Chaos**: Ein Teil der schnellen Küche ist das Aufräumen während des Kochens. Reinigen Sie benutzte Utensilien und Flächen sofort, um ein sauberes Arbeitsumfeld zu behalten und Zeit beim endgültigen Aufräumen zu sparen.

Tipps und Tricks für die Zubereitung

Um Ihnen den Einstieg in die schnelle Küche zu erleichtern, haben wir einige bewährte Tipps und Tricks zusammengestellt:

1. **Mise en Place**: Dieser französische Begriff bedeutet „alles an seinen Platz stellen". Stellen Sie alle Zutaten und Werkzeuge bereit, bevor Sie mit dem Kochen beginnen. Dies spart Zeit und Stress, da Sie nicht nach Zutaten suchen müssen, während etwas auf dem Herd köchelt.

2. **Schnellkochmethoden**: Nutzen Sie Kochtechniken, die wenig Zeit in Anspruch nehmen, wie das Braten in der Pfanne, Grillen oder das Garen im Wok. Diese Methoden sind nicht nur schnell, sondern bewahren auch den Geschmack und die Nährstoffe der Zutaten.

3. **Batch Cooking**: Kochen Sie größere Mengen und bewahren Sie die Reste für später auf. Suppen, Eintöpfe, Saucen und Aufläufe lassen sich hervorragend einfrieren und bei Bedarf schnell aufwärmen.

4. **One-Pot-Rezepte**: Diese Rezepte sind ideal für die schnelle Küche, da alle Zutaten in einem einzigen Topf zubereitet werden. Dies spart nicht nur Zeit, sondern auch den Abwasch.

5. **Schnelle Marinaden und Dressings**: Bereiten Sie einfache Marinaden und Dressings im Voraus zu. Diese können Fleisch, Fisch und Gemüse im Handumdrehen geschmacklich aufwerten.

6. **Effizientes Schneiden**: Lernen Sie grundlegende Schneidetechniken, um Gemüse und Fleisch schnell und sicher zu verarbeiten. Ein scharfes Messer ist hierbei unerlässlich und spart nicht nur Zeit, sondern auch Nerven.

7. **Nutzen Sie die Mikrowelle**: Moderne Mikrowellen können viel mehr als nur Reste aufwärmen. Nutzen Sie sie zum Garen von Gemüse, zum Schmelzen von Schokolade oder zum schnellen Auftauen von Tiefkühlprodukten.

8. **Kreative Resteverwertung**: Verwenden Sie Reste kreativ, um neue Gerichte zu kreieren. Übrig gebliebenes Gemüse kann in eine Suppe, einen Eintopf oder einen Salat verwandelt werden, während Reste von Fleisch oder Fisch sich hervorragend für Sandwiches oder Wraps eignen.

9. **Planung ist alles**: Ein wöchentlicher Speiseplan kann Ihnen helfen, den Einkauf zu organisieren und die tägliche Zubereitung zu beschleunigen. Wenn Sie bereits wissen, was Sie kochen möchten, können Sie gezielt einkaufen und unnötige Besuche im Supermarkt vermeiden.

10. **Schnelle Kochtechniken für Eier**: Eier sind vielseitig und schnell zuzubereiten. Probieren Sie verschiedene Techniken wie pochierte Eier, Rührei, Spiegelei oder Omeletts, um schnelle und nahrhafte Mahlzeiten zu zaubern.

11. **Einfache Gewürzmischungen**: Halten Sie fertige Gewürzmischungen bereit, um Ihren Gerichten schnell Geschmack zu verleihen. Diese können Sie entweder kaufen oder selbst herstellen, indem Sie Ihre Lieblingsgewürze kombinieren.

12. **Verwendung von Konserven und Tiefkühlprodukten**: Diese Produkte sind nicht nur praktisch, sondern auch oft genauso nahrhaft wie frische Zutaten. Tomaten aus der Dose, Bohnen oder gefrorenes Gemüse sind ideale Ergänzungen für schnelle Gerichte.

Mit diesen Tipps und Tricks wird das Kochen zu einer stressfreien und angenehmen Aufgabe, die Ihnen ermöglicht, auch in hektischen Zeiten köstliche und gesunde Mahlzeiten zu genießen. "Eilige Gaumenfreuden" begleitet Sie auf diesem Weg und bietet Ihnen zahlreiche Rezepte, die schnell und einfach zuzubereiten sind, ohne dabei auf Geschmack und Genuss zu verzichten. Lassen Sie sich inspirieren und entdecken Sie die Freude an der schnellen Küche!

Frühstücksgenüsse

Blitzschnelle Smoothie-Bowls

Portionen: 2

Kochzeit: 10 Minuten

Zutaten:

- 2 Bananen, gefroren
- 200 g gefrorene Beeren (z.B. Erdbeeren, Himbeeren, Blaubeeren)
- 200 ml Mandelmilch
- 2 EL Haferflocken
- 2 EL Chiasamen
- Frische Früchte, Granola und Nüsse zum Garnieren

Zubereitung:

1. Gefrorene Bananen und Beeren zusammen mit der Mandelmilch in einen Mixer geben.
2. Mixen, bis eine cremige Konsistenz erreicht ist.
3. Haferflocken und Chiasamen untermischen.
4. In Schalen füllen und mit frischen Früchten, Granola und Nüssen garnieren.

Nährwerte (pro Portion):

- Kalorien: 250 kcal
- Eiweiß: 5 g
- Fett: 8 g
- Kohlenhydrate: 40 g

Fünf-Minuten-Omelett

Portionen: 1

Kochzeit: 5 Minuten

Zutaten:

- 2 Eier
- 2 EL Milch
- Salz und Pfeffer nach Geschmack
- 1 TL Butter oder Öl
- Optional: Käse, Gemüse, Schinken, Kräuter

Zubereitung:

1. Eier und Milch in einer Schüssel verquirlen. Mit Salz und Pfeffer würzen.
2. Butter oder Öl in einer Pfanne bei mittlerer Hitze erhitzen.
3. Eimasse in die Pfanne geben und stocken lassen.
4. Optional: Käse, Gemüse oder Schinken hinzufügen.
5. Omelett zusammenklappen und servieren.

Nährwerte (pro Portion):

- Kalorien: 180 kcal
- Eiweiß: 12 g
- Fett: 14 g
- Kohlenhydrate: 2 g

Joghurt-Parfait mit frischen Früchten

Portionen: 2

Kochzeit: 10 Minuten

Zutaten:

- 400 g griechischer Joghurt
- 200 g frische Früchte (z.B. Beeren, Bananen, Pfirsiche)
- 4 EL Granola
- 2 TL Honig

Zubereitung:

1. Joghurt in zwei Gläser oder Schalen verteilen.
2. Frische Früchte darauf schichten.
3. Mit Granola bestreuen und mit Honig beträufeln.
4. Sofort servieren.

Nährwerte (pro Portion):

- Kalorien: 250 kcal
- Eiweiß: 15 g
- Fett: 8 g
- Kohlenhydrate: 30 g

Express-Pfannkuchen

Portionen: 4

Kochzeit: 15 Minuten

Zutaten:

- 150 g Mehl
- 1 EL Zucker
- 1 TL Backpulver
- 1 Prise Salz
- 200 ml Milch
- 1 Ei
- 2 EL geschmolzene Butter
- Öl zum Braten

Zubereitung:

1. Mehl, Zucker, Backpulver und Salz in einer Schüssel mischen.
2. Milch, Ei und geschmolzene Butter dazugeben und zu einem glatten Teig verrühren.
3. Öl in einer Pfanne bei mittlerer Hitze erhitzen.
4. Teig portionsweise in die Pfanne geben und goldbraun backen.
5. Mit Ahornsirup, Früchten oder anderen Toppings servieren.

Nährwerte (pro Portion):

- Kalorien: 200 kcal
- Eiweiß: 5 g
- Fett: 8 g
- Kohlenhydrate: 27 g

Overnight Oats mit Beeren

Portionen: 2

Kochzeit: 5 Minuten (plus Kühlzeit über Nacht)

Zutaten:

- 100 g Haferflocken
- 200 ml Milch oder Pflanzendrink
- 100 g Joghurt
- 1 EL Chiasamen
- 1 EL Honig oder Ahornsirup
- 100 g frische Beeren

Zubereitung:

1. Haferflocken, Milch, Joghurt, Chiasamen und Honig in einer Schüssel vermengen.
2. Über Nacht im Kühlschrank ziehen lassen.
3. Morgens mit frischen Beeren garnieren und servieren.

Nährwerte (pro Portion):

- Kalorien: 300 kcal
- Eiweiß: 10 g
- Fett: 8 g
- Kohlenhydrate: 45 g

Avocado-Toast Deluxe

Portionen: 2

Kochzeit: 10 Minuten

Zutaten:

- 2 Scheiben Vollkornbrot
- 1 reife Avocado
- 1 TL Zitronensaft
- Salz und Pfeffer nach Geschmack
- 1 EL Olivenöl
- Optional: Chilirflocken, gehackte Tomaten, Spiegelei

Zubereitung:

1. Brotscheiben toasten.
2. Avocado halbieren, entkernen und das Fruchtfleisch in eine Schüssel geben.
3. Avocado mit Zitronensaft, Salz und Pfeffer zerdrücken.
4. Avocadomischung auf den getoasteten Brotscheiben verteilen.
5. Mit Olivenöl beträufeln und optional mit Chilirflocken, gehackten Tomaten oder einem Spiegelei garnieren.

Nährwerte (pro Portion):

- Kalorien: 300 kcal
- Eiweiß: 6 g
- Fett: 22 g
- Kohlenhydrate: 24 g

Rührei mit Kräutern

Portionen: 2

Kochzeit: 10 Minuten

Zutaten:

- 4 Eier
- 2 EL Milch
- Salz und Pfeffer nach Geschmack
- 1 TL Butter oder Öl
- 2 EL gehackte frische Kräuter (z.B. Petersilie, Schnittlauch, Dill)

Zubereitung:

1. Eier und Milch in einer Schüssel verquirlen, mit Salz und Pfeffer würzen.
2. Butter oder Öl in einer Pfanne bei mittlerer Hitze erhitzen.
3. Eimasse in die Pfanne geben und unter Rühren stocken lassen.
4. Kurz vor dem Servieren die gehackten Kräuter unterheben.
5. Sofort servieren.

Nährwerte (pro Portion):

- Kalorien: 200 kcal
- Eiweiß: 14 g
- Fett: 15 g
- Kohlenhydrate: 2 g

Schnelle Müsliriegel

Portionen: 8 Riegel

Kochzeit: 10 Minuten (plus 1 Stunde Kühlzeit)

Zutaten:

- 200 g Haferflocken
- 100 g Honig oder Ahornsirup
- 100 g Erdnussbutter oder Mandelbutter
- 50 g gehackte Nüsse
- 50 g getrocknete Früchte (z.B. Cranberries, Rosinen)
- 1 TL Vanilleextrakt

Zubereitung:

1. Haferflocken, Nüsse und getrocknete Früchte in eine Schüssel geben.
2. Honig und Erdnussbutter in einem Topf bei niedriger Hitze erwärmen, bis sie flüssig sind.
3. Vanilleextrakt hinzufügen und gut verrühren.
4. Die Mischung über die trockenen Zutaten gießen und gut vermengen.
5. Die Masse in eine mit Backpapier ausgelegte Form drücken und gleichmäßig verteilen.
6. Für mindestens eine Stunde im Kühlschrank fest werden lassen, dann in Riegel schneiden.

Nährwerte (pro Riegel):

- Kalorien: 200 kcal
- Eiweiß: 5 g
- Fett: 10 g
- Kohlenhydrate: 25 g

Frühstücks-Burritos

Portionen: 4

Kochzeit: 15 Minuten

Zutaten:

- 4 große Tortillas
- 6 Eier
- 100 g geriebener Käse
- 100 g gekochter Schinken oder Speck, gewürfelt
- 1 rote Paprika, gewürfelt
- 1 kleine Zwiebel, gewürfelt
- 2 EL Milch
- Salz und Pfeffer nach Geschmack
- 1 EL Butter oder Öl
- Optional: Salsa, Avocado, Sauerrahm

Zubereitung:

1. Eier und Milch in einer Schüssel verquirlen, mit Salz und Pfeffer würzen.
2. Butter oder Öl in einer Pfanne erhitzen und Zwiebel und Paprika anbraten, bis sie weich sind.
3. Schinken oder Speck hinzufügen und kurz mitbraten.
4. Eimasse in die Pfanne geben und unter Rühren stocken lassen.
5. Tortillas erwärmen und die Eimischung gleichmäßig darauf verteilen.
6. Mit geriebenem Käse bestreuen und zu Burritos rollen.
7. Optional mit Salsa, Avocado oder Sauerrahm servieren.

Nährwerte (pro Portion):- Kalorien: 350 kcal- Eiweiß: 20 g- Fett: 20 g- Kohlenhydrate: 25 g

Croissant-Sandwiches

Portionen: 2

Kochzeit: 10 Minuten

Zutaten:

- 2 Croissants
- 4 Scheiben Schinken oder Truthahn
- 2 Scheiben Käse (z.B. Cheddar, Gouda)
- 1 Tomate, in Scheiben
- Salatblätter
- 1 EL Mayonnaise oder Senf

Zubereitung:

1. Croissants halbieren und aufschneiden.
2. Die unteren Hälften mit Mayonnaise oder Senf bestreichen.
3. Schinken, Käse, Tomaten und Salatblätter darauf schichten.
4. Die oberen Hälften der Croissants darauflegen.
5. Sandwiches servieren.

Nährwerte (pro Portion):

- Kalorien: 400 kcal
- Eiweiß: 18 g
- Fett: 25 g
- Kohlenhydrate: 30 g

Ei-Muffins

Portionen: 6 Muffins

Kochzeit: 20 Minuten

Zutaten:

- 6 Eier
- 100 g geriebener Käse
- 100 g gekochter Schinken, gewürfelt
- 1 rote Paprika, gewürfelt
- 1 kleine Zwiebel, gewürfelt
- Salz und Pfeffer nach Geschmack
- 1 TL Butter oder Öl

Zubereitung:

1. Ofen auf 180°C vorheizen und eine Muffinform leicht einfetten.
2. Eier in einer Schüssel verquirlen und mit Salz und Pfeffer würzen.
3. Geriebenen Käse, Schinken, Paprika und Zwiebel unter die Eimasse mischen.
4. Die Mischung gleichmäßig in die Muffinform füllen.
5. Für 15-20 Minuten backen, bis die Ei-Muffins fest sind.
6. Aus der Form nehmen und warm servieren.

Nährwerte (pro Muffin):

- Kalorien: 120 kcal
- Eiweiß: 10 g
- Fett: 8 g
- Kohlenhydrate: 2 g

Schneller Chia-Pudding

Portionen: 2

Kochzeit: 10 Minuten (plus 1 Stunde Kühlzeit)

Zutaten:

- 4 EL Chiasamen
- 250 ml Mandelmilch
- 1 EL Honig oder Ahornsirup
- 1 TL Vanilleextrakt
- Frische Früchte zum Garnieren

Zubereitung:

1. Chiasamen, Mandelmilch, Honig und Vanilleextrakt in einer Schüssel gut vermischen.
2. Die Mischung für mindestens eine Stunde (oder über Nacht) im Kühlschrank quellen lassen.
3. Vor dem Servieren umrühren und mit frischen Früchten garnieren.

Nährwerte (pro Portion):

- Kalorien: 180 kcal
- Eiweiß: 5 g
- Fett: 10 g
- Kohlenhydrate: 15 g

Quark mit Honig und Nüssen

Portionen: 2

Kochzeit: 5 Minuten

Zutaten:

- 250 g Magerquark
- 2 EL Honig
- 2 EL gehackte Nüsse (z.B. Walnüsse, Mandeln)
- 1 TL Zimt (optional)

Zubereitung:

1. Quark in Schalen verteilen.
2. Honig über den Quark träufeln.
3. Mit gehackten Nüssen bestreuen und optional mit Zimt garnieren.
4. Sofort servieren.

Nährwerte (pro Portion):

- Kalorien: 200 kcal
- Eiweiß: 15 g
- Fett: 8 g
- Kohlenhydrate: 15 g

Fruchtige Frühstückspizza

Portionen: 4

Kochzeit: 10 Minuten

Zutaten:

- 1 großer Vollkorn-Tortilla
- 200 g griechischer Joghurt
- 1 EL Honig
- Verschiedene frische Früchte (z.B. Beeren, Kiwi, Banane)
- 1 EL gehackte Nüsse oder Granola

Zubereitung:

1. Tortilla in einer Pfanne bei mittlerer Hitze leicht anrösten.
2. Griechischen Joghurt mit Honig vermischen und auf die Tortilla streichen.
3. Frische Früchte in Scheiben schneiden und auf dem Joghurt verteilen.
4. Mit gehackten Nüssen oder Granola bestreuen.
5. In Stücke schneiden und sofort servieren.

Nährwerte (pro Portion):

- Kalorien: 150 kcal
- Eiweiß: 8 g
- Fett: 5 g
- Kohlenhydrate: 20 g

Banane-Peanut Butter Toast

Portionen: 2

Kochzeit: 5 Minuten

Zutaten:

- 2 Scheiben Vollkornbrot
- 2 EL Erdnussbutter
- 1 Banane, in Scheiben
- 1 TL Honig
- Eine Prise Zimt (optional)

Zubereitung:

1. Brotscheiben toasten.
2. Erdnussbutter auf die getoasteten Brotscheiben streichen.
3. Bananenscheiben gleichmäßig auf der Erdnussbutter verteilen.
4. Mit Honig beträufeln und optional mit einer Prise Zimt bestreuen.
5. Sofort servieren.

Nährwerte (pro Portion):

- Kalorien: 250 kcal
- Eiweiß: 8 g
- Fett: 12 g
- Kohlenhydrate: 30 g

Haferflocken aus der Mikrowelle

Portionen: 1

Kochzeit: 5 Minuten

Zutaten:

- 50 g Haferflocken
- 200 ml Milch oder Wasser
- 1 EL Honig oder Ahornsirup
- 1 Prise Salz
- Optional: Früchte, Nüsse, Zimt

Zubereitung:

1. Haferflocken und Milch (oder Wasser) in eine mikrowellengeeignete Schüssel geben.
2. Eine Prise Salz hinzufügen und gut umrühren.
3. Die Schüssel in die Mikrowelle stellen und bei hoher Leistung 2-3 Minuten kochen, zwischendurch umrühren.
4. Nach dem Kochen Honig oder Ahornsirup einrühren.
5. Optional mit Früchten, Nüssen und Zimt garnieren und sofort servieren.

Nährwerte (pro Portion):

- Kalorien: 200 kcal
- Eiweiß: 7 g
- Fett: 4 g
- Kohlenhydrate: 35 g

Schneller Obstsalat

Portionen: 2

Kochzeit: 10 Minuten

Zutaten:

- 1 Apfel
- 1 Banane
- 1 Orange
- 100 g Trauben
- 1 Kiwi
- 1 EL Zitronensaft
- 1 EL Honig
- 1 EL gehackte Minze (optional)

Zubereitung:

1. Obst waschen, schälen (wenn nötig) und in mundgerechte Stücke schneiden.
2. Obst in einer Schüssel vermengen.
3. Zitronensaft und Honig darüber geben und gut umrühren.
4. Optional mit gehackter Minze garnieren.
5. Sofort servieren.

Nährwerte (pro Portion):

- Kalorien: 150 kcal
- Eiweiß: 2 g
- Fett: 1 g
- Kohlenhydrate: 35 g

Tomaten-Mozzarella-Toast

Portionen: 2

Kochzeit: 10 Minuten

Zutaten:

- 2 Scheiben Vollkornbrot
- 1 große Tomate, in Scheiben
- 1 Kugel Mozzarella, in Scheiben
- 1 EL Olivenöl
- Salz und Pfeffer nach Geschmack
- Frische Basilikumblätter

Zubereitung:

1. Brotscheiben toasten.
2. Tomatenscheiben und Mozzarellascheiben gleichmäßig auf die Brotscheiben legen.
3. Mit Olivenöl beträufeln und mit Salz und Pfeffer würzen.
4. Mit frischen Basilikumblättern garnieren.
5. Sofort servieren.

Nährwerte (pro Portion):

- Kalorien: 250 kcal
- Eiweiß: 10 g
- Fett: 15 g
- Kohlenhydrate: 20 g

Frühstücks-Smoothies

Portionen: 2

Kochzeit: 5 Minuten

Zutaten:

- 1 Banane
- 100 g Beeren (frisch oder gefroren)
- 200 ml Milch oder Pflanzendrink
- 1 EL Haferflocken
- 1 TL Honig
- 1 TL Chiasamen (optional)

Zubereitung:

1. Alle Zutaten in einen Mixer geben.
2. Mixen, bis eine cremige Konsistenz erreicht ist.
3. In Gläser füllen und sofort servieren.

Nährwerte (pro Portion):

- Kalorien: 180 kcal
- Eiweiß: 5 g
- Fett: 3 g
- Kohlenhydrate: 35 g

Ruck-Zuck-Ricotta-Pfannkuchen

Portionen: 4

Kochzeit: 15 Minuten

Zutaten:

- 250 g Ricotta
- 2 Eier
- 50 g Mehl
- 1 TL Backpulver
- 1 EL Zucker
- 1 Prise Salz
- 1 TL Vanilleextrakt
- Öl oder Butter zum Braten

Zubereitung:

1. Ricotta, Eier, Mehl, Backpulver, Zucker, Salz und Vanilleextrakt in einer Schüssel vermengen.
2. Eine Pfanne bei mittlerer Hitze erhitzen und mit etwas Öl oder Butter einfetten.
3. Teig portionsweise in die Pfanne geben und Pfannkuchen goldbraun backen, etwa 2-3 Minuten pro Seite.
4. Mit Ahornsirup, frischen Früchten oder Puderzucker servieren.

Nährwerte (pro Portion):

- Kalorien: 200 kcal
- Eiweiß: 10 g
- Fett: 10 g
- Kohlenhydrate: 18 g

Schnelle Bagels mit Lachs

Portionen: 2

Kochzeit: 10 Minuten

Zutaten:

- 2 Bagels, halbiert
- 100 g Frischkäse
- 100 g geräucherter Lachs
- 1 kleine rote Zwiebel, in dünne Ringe geschnitten
- 1 EL Kapern
- Frischer Dill zum Garnieren
- Salz und Pfeffer nach Geschmack

Zubereitung:

1. Bagels im Toaster leicht anrösten.
2. Jede Bagelhälfte mit Frischkäse bestreichen.
3. Geräucherten Lachs gleichmäßig auf die Bagelhälften verteilen.
4. Mit Zwiebelscheiben, Kapern und frischem Dill garnieren.
5. Mit Salz und Pfeffer abschmecken und sofort servieren.

Nährwerte (pro Portion):

- Kalorien: 350 kcal
- Eiweiß: 18 g
- Fett: 14 g
- Kohlenhydrate: 38 g

Eier im Glas

Portionen: 2

Kochzeit: 10 Minuten

Zutaten:

- 4 Eier
- 4 EL Sahne
- Salz und Pfeffer nach Geschmack
- 1 TL Butter
- Schnittlauch oder Petersilie zum Garnieren

Zubereitung:

1. Wasser in einem Topf zum Kochen bringen und auf niedrige Hitze reduzieren.
2. Eier in kleine hitzebeständige Gläser oder Förmchen geben.
3. Jeweils 2 EL Sahne und eine Prise Salz und Pfeffer hinzufügen.
4. Ein Stück Butter in jedes Glas geben.
5. Gläser vorsichtig in das heiße Wasser stellen, sodass das Wasser bis zur Hälfte der Gläser reicht.
6. Für 8-10 Minuten pochieren, bis die Eier die gewünschte Konsistenz erreicht haben.
7. Mit Schnittlauch oder Petersilie garnieren und sofort servieren.

Nährwerte (pro Portion):

- Kalorien: 200 kcal
- Eiweiß: 10 g
- Fett: 16 g
- Kohlenhydrate: 2 g

Waffeln aus dem Toaster

Portionen: 2

Kochzeit: 5 Minuten

Zutaten:

- 4 gefrorene Waffeln
- 2 EL Butter oder Margarine
- Ahornsirup, frische Früchte oder Puderzucker zum Servieren

Zubereitung:

1. Gefrorene Waffeln im Toaster nach den Anweisungen des Herstellers aufwärmen.
2. Mit Butter oder Margarine bestreichen.
3. Nach Belieben mit Ahornsirup, frischen Früchten oder Puderzucker garnieren und sofort servieren.

Nährwerte (pro Portion):

- Kalorien: 220 kcal
- Eiweiß: 5 g
- Fett: 10 g
- Kohlenhydrate: 30 g

Frühstücks-Tacos

Portionen: 4

Kochzeit: 15 Minuten

Zutaten:

- 4 kleine Tortillas
- 4 Eier
- 100 g geriebener Käse
- 100 g gekochter Speck, zerbröckelt
- 1 Avocado, in Scheiben
- 1 kleine Tomate, gewürfelt
- 2 EL Salsa
- Salz und Pfeffer nach Geschmack
- 1 TL Butter oder Öl

Zubereitung:

1. Eier in einer Schüssel verquirlen und mit Salz und Pfeffer würzen.
2. Butter oder Öl in einer Pfanne bei mittlerer Hitze erhitzen.
3. Eier in die Pfanne geben und unter Rühren stocken lassen.
4. Tortillas erwärmen und mit Rührei, geriebenem Käse, Speck, Avocado, Tomaten und Salsa füllen.
5. Tacos zusammenklappen und sofort servieren.

Nährwerte (pro Portion):

- Kalorien: 300 kcal
- Eiweiß: 15 g
- Fett: 20 g
- Kohlenhydrate: 20 g

Müsli mit griechischem Joghurt

Portionen: 2

Kochzeit: 5 Minuten

Zutaten:

- 400 g griechischer Joghurt
- 100 g Müsli
- 1 EL Honig oder Ahornsirup
- Frische Früchte (z.B. Beeren, Banane, Apfel)
- 1 EL gehackte Nüsse (optional)

Zubereitung:

1. Joghurt in Schalen verteilen.
2. Müsli gleichmäßig auf den Joghurt geben.
3. Mit Honig oder Ahornsirup beträufeln.
4. Frische Früchte darüber verteilen.
5. Optional mit gehackten Nüssen bestreuen und sofort servieren.

Nährwerte (pro Portion):

- Kalorien: 300 kcal
- Eiweiß: 15 g
- Fett: 10 g
- Kohlenhydrate: 35 g

Schneller Kokosnuss-Milch-Reis

Portionen: 4

Kochzeit: 30 Minuten

Zutaten:

- 200 g Basmatireis
- 400 ml Kokosmilch
- 200 ml Wasser
- 2 EL Zucker (nach Geschmack)
- 1 Prise Salz
- 1 TL Vanilleextrakt (optional)
- Frisches Obst (z.B. Mango, Ananas, Beeren) zum Servieren
- Geröstete Kokosraspeln zum Garnieren (optional)

Zubereitung:

1. Reis in einem Sieb gründlich mit kaltem Wasser abspülen, bis das Wasser klar ist.

2. In einem mittelgroßen Topf Kokosmilch, Wasser, Zucker und eine Prise Salz vermischen und zum Kochen bringen.

3. Reis hinzufügen, umrühren und erneut zum Kochen bringen.

4. Die Hitze auf niedrige Stufe reduzieren, den Topf abdecken und den Reis etwa 15-20 Minuten köcheln lassen, bis der Reis weich und die Flüssigkeit aufgesogen ist. Zwischendurch gelegentlich umrühren, um ein Anbrennen zu verhindern.

5. Vanilleextrakt hinzufügen und gut umrühren.

6. Den Kokosnuss-Milch-Reis in Schalen anrichten und mit frischem Obst und gerösteten Kokosraspeln garnieren.

Nährwerte (pro Portion):- Kalorien: 250 kcal- Eiweiß: 4 g- Fett: 12 g- Kohlenhydrate: 30 g

Schnelle Frühstücksbowls

Portionen: 2

Kochzeit: 10 Minuten

Zutaten:

- 200 g griechischer Joghurt
- 1 Banane, in Scheiben
- 100 g Beeren (z.B. Erdbeeren, Blaubeeren)
- 2 EL Granola
- 2 EL Nüsse, gehackt
- 1 EL Honig oder Ahornsirup

Zubereitung:

1. Joghurt in zwei Schalen verteilen.
2. Banane und Beeren gleichmäßig auf dem Joghurt verteilen.
3. Granola und gehackte Nüsse darüber streuen.
4. Mit Honig oder Ahornsirup beträufeln und sofort servieren.

Nährwerte (pro Portion):

- Kalorien: 250 kcal
- Eiweiß: 12 g
- Fett: 8 g
- Kohlenhydrate: 30 g

French Toast Sticks

Portionen: 2

Kochzeit: 15 Minuten

Zutaten:

- 4 Scheiben Toastbrot
- 2 Eier
- 100 ml Milch
- 1 TL Zimt
- 1 EL Zucker
- 1 TL Vanilleextrakt
- 1 EL Butter
- Ahornsirup zum Servieren

Zubereitung:

1. Toastbrot in Streifen schneiden.
2. Eier, Milch, Zimt, Zucker und Vanilleextrakt in einer Schüssel verquirlen.
3. Butter in einer Pfanne bei mittlerer Hitze schmelzen.
4. Toaststreifen in die Eimischung tauchen und in der Pfanne goldbraun braten, etwa 2-3 Minuten pro Seite.
5. Mit Ahornsirup servieren.

Nährwerte (pro Portion):

- Kalorien: 300 kcal
- Eiweiß: 10 g
- Fett: 15 g
- Kohlenhydrate: 30 g

Käse-Schinken-Toast

Portionen: 2

Kochzeit: 10 Minuten

Zutaten:

- 4 Scheiben Vollkornbrot
- 2 Scheiben Schinken
- 2 Scheiben Käse (z.B. Cheddar, Gouda)
- 1 EL Butter oder Margarine
- Optional: Senf oder Mayonnaise

Zubereitung:

1. Optional Senf oder Mayonnaise auf zwei Brotscheiben verteilen.
2. Je eine Scheibe Schinken und Käse auf die Brotscheiben legen und mit den restlichen Brotscheiben abdecken.
3. Butter oder Margarine in einer Pfanne bei mittlerer Hitze schmelzen.
4. Sandwiches in der Pfanne goldbraun braten, etwa 2-3 Minuten pro Seite.
5. Halbieren und sofort servieren.

Nährwerte (pro Portion):

- Kalorien: 350 kcal
- Eiweiß: 18 g
- Fett: 20 g
- Kohlenhydrate: 25 g

Apfel-Zimt-Haferflocken

Portionen: 2

Kochzeit: 10 Minuten

Zutaten:

- 100 g Haferflocken
- 250 ml Milch oder Wasser
- 1 Apfel, gewürfelt
- 1 TL Zimt
- 1 EL Honig oder Ahornsirup
- 1 EL gehackte Nüsse (optional)

Zubereitung:

1. Haferflocken und Milch (oder Wasser) in einen Topf geben und zum Kochen bringen.
2. Apfelwürfel und Zimt hinzufügen und gut umrühren.
3. Die Mischung bei mittlerer Hitze köcheln lassen, bis die Haferflocken weich sind und die gewünschte Konsistenz erreicht ist, etwa 5-7 Minuten.
4. Mit Honig oder Ahornsirup süßen.
5. Optional mit gehackten Nüssen bestreuen und sofort servieren.

Nährwerte (pro Portion):

- Kalorien: 250 kcal
- Eiweiß: 6 g
- Fett: 5 g
- Kohlenhydrate: 45 g

Frühstücks-Energy-Balls

Portionen: 12 Bällchen

Kochzeit: 15 Minuten (plus 30 Minuten Kühlzeit)

Zutaten:

- 100 g Haferflocken
- 50 g Erdnussbutter oder Mandelbutter
- 50 g Honig oder Ahornsirup
- 30 g Kokosraspeln
- 30 g Schokoladenstückchen (optional)
- 1 TL Vanilleextrakt

Zubereitung:

1. Alle Zutaten in einer Schüssel gut vermengen.
2. Aus der Mischung kleine Bällchen formen.
3. Die Bällchen auf ein Backblech legen und für mindestens 30 Minuten im Kühlschrank fest werden lassen.
4. In einem luftdichten Behälter im Kühlschrank aufbewahren und nach Bedarf servieren.

Nährwerte (pro Bällchen):

- Kalorien: 100 kcal
- Eiweiß: 2 g
- Fett: 5 g
- Kohlenhydrate: 12 g

Wraps mit Rührei

Portionen: 2

Kochzeit: 10 Minuten

Zutaten:

- 4 Eier
- 2 EL Milch
- Salz und Pfeffer nach Geschmack
- 1 TL Butter oder Öl
- 2 große Tortillas
- 100 g geriebener Käse
- 1 Avocado, in Scheiben
- 1 kleine Tomate, gewürfelt
- Optional: Salsa, Schnittlauch

Zubereitung:

1. Eier und Milch in einer Schüssel verquirlen, mit Salz und Pfeffer würzen.
2. Butter oder Öl in einer Pfanne bei mittlerer Hitze erhitzen.
3. Eimasse in die Pfanne geben und unter Rühren stocken lassen.
4. Tortillas erwärmen und die Rühreimischung gleichmäßig darauf verteilen.
5. Mit geriebenem Käse, Avocado und Tomaten belegen.
6. Optional mit Salsa und Schnittlauch garnieren.
7. Tortillas aufrollen und sofort servieren.

Nährwerte (pro Portion):

- Kalorien: 350 kcal- Eiweiß: 18 g- Fett: 22 g- Kohlenhydrate: 22 g

Schneller Frühstücksauflauf

Portionen: 4

Kochzeit: 25 Minuten

Zutaten:

- 6 Eier
- 200 ml Milch
- 100 g geriebener Käse
- 100 g gekochter Schinken oder Speck, gewürfelt
- 1 rote Paprika, gewürfelt
- 1 kleine Zwiebel, gewürfelt
- Salz und Pfeffer nach Geschmack
- 1 TL Butter oder Öl

Zubereitung:

1. Ofen auf 180°C vorheizen und eine Auflaufform leicht einfetten.
2. Eier und Milch in einer Schüssel verquirlen, mit Salz und Pfeffer würzen.
3. Käse, Schinken, Paprika und Zwiebel unter die Eimasse mischen.
4. Die Mischung in die Auflaufform gießen.
5. Für 20-25 Minuten backen, bis der Auflauf fest und goldbraun ist.
6. In Portionen schneiden und warm servieren.

Nährwerte (pro Portion):

- Kalorien: 250 kcal
- Eiweiß: 20 g
- Fett: 15 g
- Kohlenhydrate: 6 g

Frühstücks-Sandwiches

Portionen: 2

Kochzeit: 10 Minuten

Zutaten:

- 4 Scheiben Vollkornbrot oder 2 Brötchen
- 2 Eier
- 2 Scheiben Käse (z.B. Cheddar, Gouda)
- 2 Scheiben Schinken oder Speck
- 1 EL Butter oder Margarine
- Optional: Senf, Mayonnaise, Salatblätter, Tomatenscheiben

Zubereitung:

1. Eier in einer Pfanne zu Spiegeleiern braten.
2. Brot oder Brötchenhälften toasten.
3. Optional Senf oder Mayonnaise auf die Brotscheiben streichen.
4. Schinken oder Speck in der Pfanne anbraten.
5. Sandwiches mit Käse, Schinken oder Speck und Spiegelei belegen.
6. Optional Salatblätter und Tomatenscheiben hinzufügen.
7. Brot- oder Brötchenhälften zusammenklappen und sofort servieren.

Nährwerte (pro Portion):

- Kalorien: 400 kcal
- Eiweiß: 22 g
- Fett: 20 g
- Kohlenhydrate: 35 g

Blaubeer-Muffins

Portionen: 12 Muffins

Kochzeit: 25 Minuten

Zutaten:

- 250 g Mehl
- 2 TL Backpulver
- 1/2 TL Natron
- 1 Prise Salz
- 150 g Zucker
- 2 Eier
- 125 ml Pflanzenöl
- 125 ml Milch
- 200 g frische oder gefrorene Blaubeeren
- 1 TL Vanilleextrakt

Zubereitung:

1. Ofen auf 180°C vorheizen und ein Muffinblech mit Papierförmchen auslegen.
2. Mehl, Backpulver, Natron und Salz in einer Schüssel vermengen.
3. In einer separaten Schüssel Zucker, Eier, Öl, Milch und Vanilleextrakt verrühren.
4. Die flüssigen Zutaten zu den trockenen Zutaten geben und kurz vermengen.
5. Blaubeeren vorsichtig unterheben.
6. Den Teig gleichmäßig auf die Muffinförmchen verteilen.
7. Für 20-25 Minuten backen, bis die Muffins goldbraun sind und ein Zahnstocher sauber herauskommt.
8. Aus dem Ofen nehmen und abkühlen lassen.

Nährwerte (pro Muffin):- Kalorien: 180 kcal- Eiweiß: 3 g- Fett: 8 g- Kohlenhydrate: 25 g

Porridge to go

Portionen: 1

Kochzeit: 5 Minuten (plus Kühlzeit über Nacht)

Zutaten:

- 50 g Haferflocken
- 200 ml Milch oder Pflanzendrink
- 1 EL Chiasamen
- 1 TL Honig oder Ahornsirup
- 1/2 TL Zimt
- Frische Früchte zum Garnieren (z.B. Beeren, Banane)

Zubereitung:

1. Haferflocken, Milch, Chiasamen, Honig und Zimt in einem verschließbaren Glas oder Behälter gut vermengen.
2. Über Nacht im Kühlschrank quellen lassen.
3. Morgens umrühren und mit frischen Früchten garnieren.
4. Das Porridge kann direkt aus dem Behälter gegessen oder in eine Schüssel umgefüllt werden.

Nährwerte (pro Portion):

- Kalorien: 250 kcal
- Eiweiß: 8 g
- Fett: 7 g
- Kohlenhydrate: 40 g

Bananen-Pancakes

Portionen: 2

Kochzeit: 15 Minuten

Zutaten:

- 2 reife Bananen
- 2 Eier
- 1 TL Vanilleextrakt
- 1 TL Backpulver
- 1 Prise Salz
- 1 EL Öl oder Butter zum Braten
- Optional: Ahornsirup, frische Früchte zum Servieren

Zubereitung:

1. Bananen in einer Schüssel mit einer Gabel zerdrücken.
2. Eier, Vanilleextrakt, Backpulver und Salz hinzufügen und gut vermischen.
3. Öl oder Butter in einer Pfanne bei mittlerer Hitze erhitzen.
4. Teig portionsweise in die Pfanne geben und Pancakes goldbraun backen, etwa 2-3 Minuten pro Seite.
5. Mit Ahornsirup und frischen Früchten servieren.

Nährwerte (pro Portion):

- Kalorien: 250 kcal
- Eiweiß: 10 g
- Fett: 12 g
- Kohlenhydrate: 28 g

Frühstücks-Smoothie-Bowls

Portionen: 2

Kochzeit: 10 Minuten

Zutaten:

- 2 gefrorene Bananen
- 200 g gefrorene Beeren (z.B. Erdbeeren, Himbeeren, Blaubeeren)
- 200 ml Mandelmilch oder anderer Pflanzendrink
- 2 EL Haferflocken
- 2 EL Chiasamen
- Toppings: frische Früchte, Granola, Nüsse, Kokosraspeln

Zubereitung:

1. Gefrorene Bananen, Beeren und Mandelmilch in einem Mixer zu einer cremigen Konsistenz mixen.
2. Haferflocken und Chiasamen untermischen.
3. In Schalen füllen und mit Toppings nach Wahl garnieren.
4. Sofort servieren.

Nährwerte (pro Portion):

- Kalorien: 300 kcal
- Eiweiß: 8 g
- Fett: 10 g
- Kohlenhydrate: 45 g

Vegane Frühstücks-Burritos

Portionen: 2

Kochzeit: 15 Minuten

Zutaten:

- 2 große Tortillas
- 200 g Tofu, zerkrümelt
- 1 EL Olivenöl
- 1 kleine Zwiebel, gewürfelt
- 1 rote Paprika, gewürfelt
- 1 TL Kurkuma
- 1 TL Kreuzkümmel
- Salz und Pfeffer nach Geschmack
- 1 Avocado, in Scheiben
- 2 EL Salsa
- Optional: frischer Koriander

Zubereitung:

1. Olivenöl in einer Pfanne bei mittlerer Hitze erhitzen.
2. Zwiebel und Paprika hinzufügen und etwa 5 Minuten anbraten.
3. Tofu, Kurkuma, Kreuzkümmel, Salz und Pfeffer hinzufügen und alles gut vermischen.
4. Weitere 5 Minuten kochen lassen, bis der Tofu leicht gebräunt ist.
5. Tortillas erwärmen und die Tofumischung gleichmäßig darauf verteilen.
6. Mit Avocado und Salsa belegen und optional mit frischem Koriander garnieren.
7. Tortillas aufrollen und sofort servieren.

Nährwerte (pro Portion):- Kalorien: 350 kcal- Eiweiß: 15 g- Fett: 20 g- Kohlenhydrate: 30 g

Blitzschneller Frühstücksauflauf

Portionen: 4

Kochzeit: 20 Minuten

Zutaten:

- 4 Scheiben Toastbrot, gewürfelt
- 6 Eier
- 200 ml Milch
- 100 g geriebener Käse
- 100 g gekochter Schinken, gewürfelt
- 1 TL Salz
- 1/2 TL Pfeffer
- 1 TL Butter oder Öl

Zubereitung:

1. Ofen auf 180°C vorheizen und eine Auflaufform leicht einfetten.
2. Toastbrotwürfel in die Auflaufform geben.
3. Eier und Milch in einer Schüssel verquirlen, mit Salz und Pfeffer würzen.
4. Käse und Schinken unter die Eimischung mischen.
5. Die Mischung über die Brotstücke gießen und alles gut vermengen.
6. Für 20 Minuten backen, bis der Auflauf fest und goldbraun ist.
7. In Portionen schneiden und warm servieren.

Nährwerte (pro Portion):- Kalorien: 300 kcal- Eiweiß: 20 g- Fett: 15 g- Kohlenhydrate: 20 g

Eier-Speck-Muffins

Portionen: 6 Muffins

Kochzeit: 20 Minuten

Zutaten:

- 6 Eier
- 6 Scheiben Speck
- 50 g geriebener Käse
- Salz und Pfeffer nach Geschmack
- 1 TL Butter oder Öl

Zubereitung:

1. Ofen auf 180°C vorheizen und eine Muffinform leicht einfetten.
2. Speckscheiben in der Pfanne anbraten, bis sie leicht knusprig sind.
3. Speckscheiben in die Muffinform legen, sodass sie die Seiten der Muffinförmchen auskleiden.
4. Jeweils ein Ei in jedes Förmchen schlagen.
5. Mit geriebenem Käse bestreuen und mit Salz und Pfeffer würzen.
6. Für 15-20 Minuten backen, bis die Eier fest sind.
7. Aus der Muffinform nehmen und warm servieren.

Nährwerte (pro Muffin):

- Kalorien: 150 kcal
- Eiweiß: 10 g
- Fett: 12 g
- Kohlenhydrate: 1 g

Mandel-Vanille-Porridge

Portionen: 2

Kochzeit: 10 Minuten

Zutaten:

- 100 g Haferflocken
- 250 ml Mandelmilch
- 1 EL Ahornsirup oder Honig
- 1 TL Vanilleextrakt
- 1 EL Mandelbutter
- Frische Früchte und gehackte Mandeln zum Garnieren

Zubereitung:

1. Haferflocken und Mandelmilch in einen Topf geben und zum Kochen bringen.
2. Hitze reduzieren und unter ständigem Rühren etwa 5 Minuten köcheln lassen, bis der Porridge die gewünschte Konsistenz erreicht.
3. Ahornsirup oder Honig, Vanilleextrakt und Mandelbutter unterrühren.
4. In Schalen füllen und mit frischen Früchten und gehackten Mandeln garnieren.
5. Sofort servieren.

Nährwerte (pro Portion):

- Kalorien: 250 kcal
- Eiweiß: 7 g
- Fett: 10 g
- Kohlenhydrate: 35 g

Frühstücks-Bowls mit Quinoa

Portionen: 2

Kochzeit: 20 Minuten

Zutaten:

- 100 g Quinoa
- 200 ml Wasser oder Pflanzenmilch
- 1 EL Ahornsirup oder Honig
- 1 TL Zimt
- 1 TL Vanilleextrakt
- Frische Früchte (z.B. Beeren, Banane)
- 2 EL Nüsse oder Samen

Zubereitung:

1. Quinoa gründlich waschen und in einem Topf mit Wasser oder Pflanzenmilch zum Kochen bringen.
2. Hitze reduzieren und etwa 15 Minuten köcheln lassen, bis die Quinoa gar ist.
3. Ahornsirup oder Honig, Zimt und Vanilleextrakt unterrühren.
4. In Schalen füllen und mit frischen Früchten und Nüssen oder Samen garnieren.
5. Sofort servieren.

Nährwerte (pro Portion):

- Kalorien: 300 kcal
- Eiweiß: 9 g
- Fett: 8 g
- Kohlenhydrate: 45 g

Granola-Parfaits

Portionen: 2

Kochzeit: 5 Minuten

Zutaten:

- 400 g griechischer Joghurt
- 100 g Granola
- 2 EL Honig oder Ahornsirup
- Frische Früchte (z.B. Beeren, Kiwi, Mango)

Zubereitung:

1. Joghurt in zwei Gläser oder Schalen verteilen.
2. Eine Schicht Granola auf den Joghurt geben.
3. Mit einer weiteren Schicht Joghurt bedecken.
4. Frische Früchte und Honig oder Ahornsirup darauf verteilen.
5. Sofort servieren.

Nährwerte (pro Portion):

- Kalorien: 350 kcal
- Eiweiß: 15 g
- Fett: 12 g
- Kohlenhydrate: 45 g

Fruchtige Frühstücks-Scones

Portionen: 8 Scones

Kochzeit: 25 Minuten

Zutaten:

- 250 g Mehl
- 2 TL Backpulver
- 1/2 TL Salz
- 50 g Zucker
- 100 g kalte Butter, in Stücken
- 150 ml Milch
- 1 Ei
- 100 g frische Beeren (z.B. Blaubeeren, Himbeeren)
- 1 TL Vanilleextrakt
- Optional: 1 EL Milch und 1 EL Zucker zum Bestreuen

Zubereitung:

1. Ofen auf 200°C vorheizen und ein Backblech mit Backpapier auslegen.

2. Mehl, Backpulver, Salz und Zucker in einer Schüssel vermengen.

3. Kalte Butter hinzufügen und mit den Händen oder einem Teigmischer zu einer krümeligen Masse verarbeiten.

4. Milch, Ei und Vanilleextrakt verquirlen und zur Mehlmischung geben. Kurz verrühren, bis ein Teig entsteht.

5. Beeren vorsichtig unterheben.

6. Teig auf eine bemehlte Arbeitsfläche geben, zu einer Scheibe formen und in 8 Stücke schneiden.

7. Scones auf das Backblech legen und optional mit Milch bestreichen und Zucker bestreuen.

8. Für 15-20 Minuten backen, bis sie goldbraun sind.

9. Warm servieren.

Toast mit Spiegelei

Portionen: 2

Kochzeit: 10 Minuten

Zutaten:

- 2 Scheiben Vollkornbrot
- 2 Eier
- 1 EL Butter oder Öl
- Salz und Pfeffer nach Geschmack
- Optional: Avocado, Tomatenscheiben, Kräuter

Zubereitung:

1. Brotscheiben toasten.
2. Butter oder Öl in einer Pfanne bei mittlerer Hitze erhitzen.
3. Eier in die Pfanne schlagen und zu Spiegeleiern braten, mit Salz und Pfeffer würzen.
4. Toast mit Avocado und Tomatenscheiben belegen, wenn gewünscht.
5. Spiegeleier auf die Toasts legen und optional mit Kräutern garnieren.
6. Sofort servieren.

Nährwerte (pro Portion):

- Kalorien: 250 kcal
- Eiweiß: 12 g
- Fett: 15 g
- Kohlenhydrate: 20 g

Bircher Müsli

Portionen: 2

Kochzeit: 10 Minuten (plus Kühlzeit über Nacht)

Zutaten:

- 100 g Haferflocken
- 200 ml Apfelsaft
- 1 Apfel, gerieben
- 200 g Joghurt
- 1 EL Honig
- 1 EL Zitronensaft
- 2 EL gehackte Nüsse
- Frische Früchte zum Garnieren (z.B. Beeren, Trauben)

Zubereitung:

1. Haferflocken und Apfelsaft in einer Schüssel vermengen und über Nacht im Kühlschrank quellen lassen.
2. Am nächsten Morgen Joghurt, geriebenen Apfel, Honig und Zitronensaft unter die Haferflockenmischung rühren.
3. Mit gehackten Nüssen und frischen Früchten garnieren.
4. Sofort servieren.

Nährwerte (pro Portion):

- Kalorien: 300 kcal
- Eiweiß: 8 g
- Fett: 10 g
- Kohlenhydrate: 45 g

Frühstücks-Frittata

Portionen: 4

Kochzeit: 20 Minuten

Zutaten:

- 6 Eier
- 100 ml Milch
- 100 g geriebener Käse
- 1 rote Paprika, gewürfelt
- 1 kleine Zwiebel, gewürfelt
- 100 g Spinat, gehackt
- Salz und Pfeffer nach Geschmack
- 1 EL Olivenöl

Zubereitung:

1. Ofen auf 180°C vorheizen.
2. Eier und Milch in einer Schüssel verquirlen, mit Salz und Pfeffer würzen.
3. Olivenöl in einer ofenfesten Pfanne erhitzen. Zwiebel und Paprika darin anbraten, bis sie weich sind.
4. Spinat hinzufügen und kurz mitbraten.
5. Eimischung über das Gemüse gießen und gleichmäßig verteilen. Geriebenen Käse darüber streuen.
6. Die Pfanne in den Ofen stellen und für 10-15 Minuten backen, bis die Frittata fest und goldbraun ist.
7. In Stücke schneiden und warm servieren.

Nährwerte (pro Portion):- Kalorien: 220 kcal- Eiweiß: 15 g- Fett: 15 g- Kohlenhydrate: 5 g

Crostini mit Avocado und Ei

Portionen: 2

Kochzeit: 10 Minuten

Zutaten:

- 4 Scheiben Baguette oder Ciabatta
- 1 reife Avocado
- 2 Eier
- 1 TL Zitronensaft
- Salz und Pfeffer nach Geschmack
- 1 EL Olivenöl
- Optional: Chiliflocken, frische Kräuter

Zubereitung:

1. Baguette- oder Ciabattascheiben im Toaster oder im Ofen leicht anrösten.
2. Avocado halbieren, entkernen und das Fruchtfleisch in einer Schüssel mit Zitronensaft, Salz und Pfeffer zerdrücken.
3. Eier in einer Pfanne mit Olivenöl zu Spiegeleiern braten.
4. Die Avocadomischung auf die gerösteten Brotscheiben streichen.
5. Jeweils ein Spiegelei auf jede Scheibe legen.
6. Optional mit Chiliflocken und frischen Kräutern garnieren und sofort servieren.

Nährwerte (pro Portion):

- Kalorien: 300 kcal
- Eiweiß: 10 g
- Fett: 20 g
- Kohlenhydrate: 20 g

Zimt-Toast mit Äpfeln

Portionen: 2

Kochzeit: 10 Minuten

Zutaten:

- 2 Scheiben Vollkornbrot
- 1 Apfel, in dünne Scheiben geschnitten
- 1 TL Zimt
- 1 EL Honig
- 1 EL Butter
- Optional: gehackte Nüsse

Zubereitung:

1. Butter in einer Pfanne bei mittlerer Hitze schmelzen.
2. Apfelscheiben hinzufügen und mit Zimt bestreuen. Äpfel leicht anbraten, bis sie weich sind.
3. In der Zwischenzeit Brotscheiben toasten.
4. Apfelscheiben auf die getoasteten Brotscheiben legen und mit Honig beträufeln.
5. Optional mit gehackten Nüssen bestreuen und sofort servieren.

Nährwerte (pro Portion):

- Kalorien: 200 kcal
- Eiweiß: 3 g
- Fett: 8 g
- Kohlenhydrate: 30 g

Frühstücks-Sushi mit Früchten

Portionen: 2

Kochzeit: 15 Minuten

Zutaten:

- 1 Banane
- 4 Scheiben Vollkornbrot
- 2 EL Erdnussbutter oder Mandelbutter
- Verschiedene frische Früchte (z.B. Erdbeeren, Kiwi, Mango), in dünne Streifen geschnitten

Zubereitung:

1. Rinde von den Brotscheiben entfernen und die Brotscheiben mit einem Nudelholz flach rollen.
2. Jede Brotscheibe mit Erdnussbutter oder Mandelbutter bestreichen.
3. Banane schälen und in die Mitte jeder Brotscheibe legen.
4. Die Brotscheiben um die Banane rollen, dabei fest drücken.
5. Die Rollen in 2-3 cm dicke Stücke schneiden, sodass sie wie Sushi aussehen.
6. Jedes Stück mit dünnen Fruchtstreifen garnieren.
7. Sofort servieren.

Nährwerte (pro Portion):

- Kalorien: 250 kcal
- Eiweiß: 6 g
- Fett: 12 g
- Kohlenhydrate: 30 g

Kapitel 2: Snacks und Appetithappen

Knusprige Käsestangen

Kochzeit: 20 Minuten

Zutaten:

- 1 Rolle Blätterteig
- 100 g geriebener Parmesan
- 1 Ei
- 1 TL getrockneter Oregano
- Salz und Pfeffer nach Geschmack

Zubereitung:

1. Ofen auf 200°C vorheizen und ein Backblech mit Backpapier auslegen.
2. Blätterteig ausrollen und in 1 cm breite Streifen schneiden.
3. Ei verquirlen und die Teigstreifen damit bestreichen.
4. Geriebenen Parmesan und Oregano über die Teigstreifen streuen, mit Salz und Pfeffer würzen.
5. Teigstreifen vorsichtig verdrehen und auf das Backblech legen.
6. Für 12-15 Minuten backen, bis die Käsestangen goldbraun und knusprig sind.
7. Abkühlen lassen und servieren.

Nährwerte (pro Portion):

- Kalorien: 250 kcal
- Eiweiß: 7 g
- Fett: 18 g
- Kohlenhydrate: 15 g

Schnelle Guacamole und Chips

Portionen: 4

Kochzeit: 10 Minuten

Zutaten:

- 2 reife Avocados
- 1 kleine Zwiebel, fein gehackt
- 1 Tomate, gewürfelt
- 1 Knoblauchzehe, gehackt
- 1 Limette, ausgepresst
- Salz und Pfeffer nach Geschmack
- Tortilla-Chips zum Servieren

Zubereitung:

1. Avocados halbieren, entkernen und das Fruchtfleisch in eine Schüssel geben.
2. Mit einer Gabel zerdrücken, bis eine cremige Konsistenz erreicht ist.
3. Zwiebel, Tomate und Knoblauch hinzufügen und gut vermischen.
4. Limettensaft einrühren und mit Salz und Pfeffer abschmecken.
5. Guacamole in eine Schüssel füllen und mit Tortilla-Chips servieren.

Nährwerte (pro Portion):

- Kalorien: 200 kcal
- Eiweiß: 3 g
- Fett: 15 g
- Kohlenhydrate: 15 g

Mini-Quiches mit Spinat und Käse

Portionen: 12 Mini-Quiches

Kochzeit: 25 Minuten

Zutaten:

- 1 Rolle Blätterteig
- 200 g frischer Spinat
- 100 g geriebener Käse (z.B. Cheddar, Gouda)
- 3 Eier
- 200 ml Sahne
- 1 kleine Zwiebel, fein gehackt
- 1 EL Butter
- Salz und Pfeffer nach Geschmack

Zubereitung:

1. Ofen auf 180°C vorheizen und ein Muffinblech mit Butter einfetten.
2. Blätterteig ausrollen und Kreise ausstechen, die in die Muffinformen passen.
3. Spinat in einer Pfanne mit Butter und Zwiebel kurz anbraten, bis er zusammengefallen ist.
4. Eier und Sahne in einer Schüssel verquirlen, mit Salz und Pfeffer würzen.
5. Geriebenen Käse und den abgekühlten Spinat unter die Eimischung rühren.
6. Blätterteigkreise in die Muffinformen legen und die Eimischung gleichmäßig darauf verteilen.
7. Für 15-20 Minuten backen, bis die Quiches goldbraun sind.
8. Aus dem Ofen nehmen, abkühlen lassen und warm servieren.

Nährwerte (pro Mini-Quiche):- Kalorien: 150 kcal- Eiweiß: 6 g- Fett: 10 g- Kohlenhydrate: 10 g

Blitz-Mozzarella-Sticks

Portionen: 4

Kochzeit: 15 Minuten

Zutaten:

- 8 Mozzarella-Sticks
- 1 Ei
- 50 g Mehl
- 100 g Semmelbrösel
- 1 TL getrockneter Oregano
- 1 TL Paprikapulver
- Salz und Pfeffer nach Geschmack
- Öl zum Frittieren
- Marinara-Sauce zum Dippen

Zubereitung:

1. Ei in einer Schüssel verquirlen, Mehl in eine zweite Schüssel geben und Semmelbrösel, Oregano, Paprikapulver, Salz und Pfeffer in einer dritten Schüssel vermengen.

2. Mozzarella-Sticks zuerst im Mehl, dann im Ei und anschließend in den gewürzten Semmelbröseln wenden.

3. Öl in einer Pfanne erhitzen und die Mozzarella-Sticks portionsweise frittieren, bis sie goldbraun sind.

4. Auf Küchenpapier abtropfen lassen und mit Marinara-Sauce servieren.

Nährwerte (pro Portion):

- Kalorien: 300 kcal- Eiweiß: 12 g- Fett: 20 g- Kohlenhydrate: 20 g

Gefüllte Champignons

Portionen: 4

Kochzeit: 20 Minuten

Zutaten:

- 12 große Champignons
- 100 g Frischkäse
- 50 g geriebener Parmesan
- 1 Knoblauchzehe, gehackt
- 2 EL gehackte Petersilie
- Salz und Pfeffer nach Geschmack
- 1 EL Olivenöl

Zubereitung:

1. Ofen auf 180°C vorheizen und ein Backblech mit Backpapier auslegen.
2. Champignons putzen und die Stiele entfernen.
3. Frischkäse, Parmesan, Knoblauch und Petersilie in einer Schüssel vermengen und mit Salz und Pfeffer abschmecken.
4. Champignonköpfe mit der Frischkäsemasse füllen und auf das Backblech legen.
5. Mit Olivenöl beträufeln und für 15 Minuten backen, bis die Champignons weich und die Füllung goldbraun ist.
6. Warm servieren.

Nährwerte (pro Portion):

- Kalorien: 150 kcal
- Eiweiß: 8 g
- Fett: 12 g
- Kohlenhydrate: 4 g

Hummus mit Gemüsesticks

Portionen: 4

Kochzeit: 10 Minuten

Zutaten:

- 1 Dose Kichererbsen (400 g), abgetropft
- 2 EL Tahini
- 2 EL Zitronensaft
- 1 Knoblauchzehe
- 3 EL Olivenöl
- Salz und Pfeffer nach Geschmack
- Wasser nach Bedarf
- Gemüsesticks (z.B. Karotten, Paprika, Gurken, Sellerie)

Zubereitung:

1. Kichererbsen, Tahini, Zitronensaft, Knoblauch und Olivenöl in einen Mixer geben.

2. Mixen, bis eine glatte Konsistenz erreicht ist. Bei Bedarf Wasser hinzufügen, um die gewünschte Konsistenz zu erreichen.

3. Mit Salz und Pfeffer abschmecken.

4. Hummus in eine Schüssel füllen und mit Gemüsesticks servieren.

Nährwerte (pro Portion):

- Kalorien: 200 kcal
- Eiweiß: 5 g
- Fett: 12 g
- Kohlenhydrate: 18 g

Caprese-Spieße

Portionen: 4

Kochzeit: 10 Minuten

Zutaten:

- 20 Kirschtomaten
- 20 Mini-Mozzarella-Kugeln
- 20 frische Basilikumblätter
- 2 EL Balsamico-Glasur
- 1 EL Olivenöl
- Salz und Pfeffer nach Geschmack
- Holzspieße

Zubereitung:

1. Jeweils eine Kirschtomate, eine Mini-Mozzarella-Kugel und ein Basilikumblatt auf die Holzspieße stecken.
2. Spieße auf einer Platte anrichten.
3. Mit Balsamico-Glasur und Olivenöl beträufeln.
4. Mit Salz und Pfeffer abschmecken und sofort servieren.

Nährwerte (pro Portion):

- Kalorien: 150 kcal
- Eiweiß: 8 g
- Fett: 10 g
- Kohlenhydrate: 5 g

Süßkartoffel-Pommes

Portionen: 4

Kochzeit: 25 Minuten

Zutaten:

- 2 große Süßkartoffeln
- 2 EL Olivenöl
- 1 TL Paprikapulver
- 1 TL Knoblauchpulver
- Salz und Pfeffer nach Geschmack

Zubereitung:

1. Ofen auf 220°C vorheizen und ein Backblech mit Backpapier auslegen.
2. Süßkartoffeln schälen und in dünne Stifte schneiden.
3. In einer Schüssel Süßkartoffelstifte mit Olivenöl, Paprikapulver, Knoblauchpulver, Salz und Pfeffer vermengen.
4. Die Süßkartoffelstifte gleichmäßig auf dem Backblech verteilen.
5. Für 20-25 Minuten backen, bis die Pommes goldbraun und knusprig sind, dabei einmal wenden.
6. Warm servieren.

Nährwerte (pro Portion):

- Kalorien: 180 kcal
- Eiweiß: 2 g
- Fett: 7 g
- Kohlenhydrate: 28 g

Pizzaschnecken

Portionen: 4

Kochzeit: 20 Minuten

Zutaten:

- 1 Rolle Blätterteig
- 100 g Tomatensauce
- 100 g geriebener Mozzarella
- 50 g Salami oder Schinken, gewürfelt
- 1 TL getrockneter Oregano
- 1 Ei, verquirlt

Zubereitung:

1. Ofen auf 200°C vorheizen und ein Backblech mit Backpapier auslegen.
2. Blätterteig ausrollen und mit Tomatensauce bestreichen.
3. Geriebenen Mozzarella und gewürfelte Salami oder Schinken gleichmäßig darauf verteilen.
4. Mit Oregano bestreuen.
5. Blätterteig von der langen Seite her aufrollen und in etwa 1 cm dicke Scheiben schneiden.
6. Die Schnecken auf das Backblech legen und mit verquirltem Ei bestreichen.
7. Für 15-20 Minuten backen, bis sie goldbraun sind.
8. Warm servieren.

Nährwerte (pro Portion):- Kalorien: 250 kcal- Eiweiß: 8 g- Fett: 16 g- Kohlenhydrate: 20 g

Würzige Edamame

Portionen: 4

Kochzeit: 10 Minuten

Zutaten:

- 400 g Edamame (Sojabohnen in der Schote), tiefgefroren
- 1 EL Sesamöl
- 1 Knoblauchzehe, gehackt
- 1 TL Chiliflocken
- 2 EL Sojasauce
- Salz nach Geschmack

Zubereitung:

1. Edamame in kochendem Wasser für 5 Minuten garen, dann abtropfen lassen.
2. Sesamöl in einer Pfanne bei mittlerer Hitze erhitzen.
3. Knoblauch und Chiliflocken hinzufügen und kurz anbraten.
4. Edamame in die Pfanne geben und gut umrühren.
5. Sojasauce hinzufügen und nochmals gut vermengen.
6. Mit Salz abschmecken und sofort servieren.

Nährwerte (pro Portion):

- Kalorien: 150 kcal
- Eiweiß: 10 g
- Fett: 7 g
- Kohlenhydrate: 10 g

Lachs-Avocado-Röllchen

Portionen: 4

Kochzeit: 15 Minuten

Zutaten:

- 4 Tortillas
- 200 g geräucherter Lachs
- 1 reife Avocado, in Scheiben
- 100 g Frischkäse
- 1 EL Zitronensaft
- Frischer Dill zum Garnieren
- Salz und Pfeffer nach Geschmack

Zubereitung:

1. Tortillas mit Frischkäse bestreichen.
2. Geräucherten Lachs gleichmäßig auf den Tortillas verteilen.
3. Avocadoscheiben und Zitronensaft darüber geben.
4. Mit Salz, Pfeffer und frischem Dill würzen.
5. Tortillas fest aufrollen und in 2-3 cm dicke Scheiben schneiden.
6. Auf einer Platte anrichten und servieren.

Nährwerte (pro Portion):

- Kalorien: 250 kcal
- Eiweiß: 12 g
- Fett: 15 g
- Kohlenhydrate: 15 g

Knusprige Kichererbsen

Portionen: 4

Kochzeit: 35 Minuten

Zutaten:

- 1 Dose Kichererbsen (400 g), abgetropft und trocken getupft
- 2 EL Olivenöl
- 1 TL Paprikapulver
- 1 TL Knoblauchpulver
- 1/2 TL Salz
- 1/2 TL Pfeffer

Zubereitung:

1. Ofen auf 200°C vorheizen und ein Backblech mit Backpapier auslegen.
2. Kichererbsen in einer Schüssel mit Olivenöl, Paprikapulver, Knoblauchpulver, Salz und Pfeffer vermischen.
3. Kichererbsen auf dem Backblech verteilen.
4. Für 30-35 Minuten backen, dabei alle 10 Minuten umrühren, bis sie goldbraun und knusprig sind.
5. Abkühlen lassen und servieren.

Nährwerte (pro Portion):

- Kalorien: 150 kcal
- Eiweiß: 6 g
- Fett: 7 g
- Kohlenhydrate: 16 g

Gebackene Zucchini-Chips

Portionen: 4

Kochzeit: 25 Minuten

Zutaten:

- 2 Zucchini
- 2 EL Olivenöl
- 1/2 TL Salz
- 1/2 TL Pfeffer
- 1/2 TL Paprikapulver

Zubereitung:

1. Ofen auf 200°C vorheizen und ein Backblech mit Backpapier auslegen.
2. Zucchini in dünne Scheiben schneiden.
3. Zucchinischeiben in einer Schüssel mit Olivenöl, Salz, Pfeffer und Paprikapulver vermengen.
4. Zucchinischeiben auf dem Backblech verteilen.
5. Für 20-25 Minuten backen, bis die Chips goldbraun und knusprig sind.
6. Abkühlen lassen und servieren.

Nährwerte (pro Portion):

- Kalorien: 80 kcal
- Eiweiß: 1 g
- Fett: 7 g
- Kohlenhydrate: 3 g

Blätterteig-Käse-Taschen

Portionen: 4

Kochzeit: 20 Minuten

Zutaten:

- 1 Rolle Blätterteig
- 100 g geriebener Käse (z.B. Gouda, Cheddar)
- 1 Ei, verquirlt
- 1 TL Senf
- Salz und Pfeffer nach Geschmack

Zubereitung:

1. Ofen auf 200°C vorheizen und ein Backblech mit Backpapier auslegen.
2. Blätterteig ausrollen und in Quadrate schneiden.
3. Jeden Teigquadraten mit etwas Senf bestreichen.
4. Geriebenen Käse in die Mitte jedes Quadrats geben.
5. Teigecken zur Mitte falten und gut andrücken.
6. Teigtaschen mit verquirltem Ei bestreichen und mit Salz und Pfeffer würzen.
7. Für 15-20 Minuten backen, bis die Taschen goldbraun sind.
8. Warm servieren.

Nährwerte (pro Portion):

- Kalorien: 250 kcal
- Eiweiß: 6 g
- Fett: 18 g
- Kohlenhydrate: 15 g

Mini-Frittatas

Portionen: 12 Mini-Frittatas

Kochzeit: 20 Minuten

Zutaten:

- 6 Eier
- 100 ml Milch
- 100 g geriebener Käse
- 1 rote Paprika, gewürfelt
- 1 kleine Zwiebel, fein gehackt
- 100 g Spinat, gehackt
- Salz und Pfeffer nach Geschmack
- 1 EL Olivenöl

Zubereitung:

1. Ofen auf 180°C vorheizen und ein Muffinblech leicht einfetten.
2. Eier und Milch in einer Schüssel verquirlen, mit Salz und Pfeffer würzen.
3. Olivenöl in einer Pfanne erhitzen und Zwiebel und Paprika darin anbraten, bis sie weich sind.
4. Spinat hinzufügen und kurz mitbraten.
5. Die Gemüsemasse in die Eimischung geben und gut vermengen.
6. Eimischung gleichmäßig in die Muffinformen füllen.
7. Geriebenen Käse darüber streuen.
8. Für 15-20 Minuten backen, bis die Frittatas fest und goldbraun sind.
9. Aus der Form nehmen und warm servieren.

Nährwerte (pro Mini-Frittata):- Kalorien: 80 kcal- Eiweiß: 6 g- Fett: 5 g- Kohlenhydrate: 2 g

Schinken-Käse-Röllchen

Portionen: 4

Kochzeit: 10 Minuten

Zutaten:

- 8 Scheiben Schinken
- 8 Scheiben Käse (z.B. Gouda, Cheddar)
- 1 TL Senf oder Mayonnaise (optional)
- 1 EL frische Kräuter, gehackt (z.B. Petersilie, Schnittlauch)

Zubereitung:

1. Jede Scheibe Käse auf eine Scheibe Schinken legen.
2. Optional etwas Senf oder Mayonnaise auf den Käse streichen.
3. Die Scheiben vorsichtig aufrollen und mit einem Zahnstocher fixieren.
4. Mit gehackten Kräutern bestreuen und sofort servieren.

Nährwerte (pro Portion):

- Kalorien: 150 kcal
- Eiweiß: 10 g
- Fett: 12 g
- Kohlenhydrate: 1 g

Avocado-Eier

Portionen: 4

Kochzeit: 15 Minuten

Zutaten:

- 4 Eier
- 2 reife Avocados
- 1 TL Zitronensaft
- Salz und Pfeffer nach Geschmack
- Paprikapulver oder Chiliflocken (optional)

Zubereitung:

1. Eier hart kochen, etwa 10 Minuten in kochendem Wasser.
2. Eier schälen und halbieren, Eigelb vorsichtig herausnehmen.
3. Avocados halbieren, entkernen und das Fruchtfleisch in eine Schüssel geben.
4. Eigelb zur Avocado hinzufügen und mit Zitronensaft, Salz und Pfeffer gut vermischen.
5. Die Avocado-Eigelb-Mischung in die Eiweißhälften füllen.
6. Mit Paprikapulver oder Chiliflocken bestreuen und sofort servieren.

Nährwerte (pro Portion):

- Kalorien: 200 kcal
- Eiweiß: 10 g
- Fett: 18 g
- Kohlenhydrate: 4 g

Bruschetta mit Tomaten und Basilikum

Portionen: 4

Kochzeit: 15 Minuten

Zutaten:

- 1 Baguette
- 4 Tomaten, gewürfelt
- 2 Knoblauchzehen, gehackt
- 1 Handvoll frische Basilikumblätter, gehackt
- 3 EL Olivenöl
- Salz und Pfeffer nach Geschmack
- 1 EL Balsamico-Essig (optional)

Zubereitung:

1. Baguette in Scheiben schneiden und im Ofen oder Toaster leicht anrösten.
2. In einer Schüssel Tomaten, Knoblauch, Basilikum, Olivenöl, Salz und Pfeffer vermengen.
3. Optional Balsamico-Essig hinzufügen und gut vermischen.
4. Tomatenmischung auf die gerösteten Baguettescheiben geben.
5. Sofort servieren.

Nährwerte (pro Portion):

- Kalorien: 180 kcal
- Eiweiß: 5 g
- Fett: 10 g
- Kohlenhydrate: 20 g

Karotten-Fries mit Joghurt-Dip

Portionen: 4

Kochzeit: 25 Minuten

Zutaten:

- 4 große Karotten
- 2 EL Olivenöl
- 1 TL Paprikapulver
- 1 TL Knoblauchpulver
- Salz und Pfeffer nach Geschmack
- 200 g Joghurt
- 1 EL Zitronensaft
- 1 EL gehackte frische Kräuter (z.B. Dill, Petersilie)

Zubereitung:

1. Ofen auf 200°C vorheizen und ein Backblech mit Backpapier auslegen.
2. Karotten schälen und in Stifte schneiden.
3. Karottenstifte in einer Schüssel mit Olivenöl, Paprikapulver, Knoblauchpulver, Salz und Pfeffer vermengen.
4. Karottenstifte gleichmäßig auf dem Backblech verteilen.
5. Für 20-25 Minuten backen, bis sie goldbraun und knusprig sind.
6. In der Zwischenzeit Joghurt mit Zitronensaft und gehackten Kräutern vermischen, mit Salz und Pfeffer abschmecken.
7. Karotten-Fries mit Joghurt-Dip servieren.

Nährwerte (pro Portion):- Kalorien: 150 kcal- Eiweiß: 4 g- Fett: 8 g- Kohlenhydrate: 16 g

Caprese-Tomaten

Portionen: 4

Kochzeit: 10 Minuten

Zutaten:

- 4 große Tomaten
- 200 g Mini-Mozzarella-Kugeln
- 1 Handvoll frische Basilikumblätter
- 3 EL Olivenöl
- 2 EL Balsamico-Glasur
- Salz und Pfeffer nach Geschmack

Zubereitung:

1. Tomaten waschen und in dicke Scheiben schneiden.
2. Mozzarella-Kugeln halbieren.
3. Tomatenscheiben auf einer Platte anrichten.
4. Jeweils eine Hälfte einer Mozzarella-Kugel und ein Basilikumblatt auf jede Tomatenscheibe legen.
5. Mit Olivenöl und Balsamico-Glasur beträufeln.
6. Mit Salz und Pfeffer abschmecken und sofort servieren.

Nährwerte (pro Portion):

- Kalorien: 180 kcal
- Eiweiß: 7 g
- Fett: 14 g
- Kohlenhydrate: 6 g

Gebackene Falafel-Bällchen

Portionen: 4

Kochzeit: 30 Minuten

Zutaten:

- 1 Dose Kichererbsen (400 g), abgetropft
- 1 kleine Zwiebel, grob gehackt
- 2 Knoblauchzehen, grob gehackt
- 1 Bund Petersilie, grob gehackt
- 1 TL Kreuzkümmel
- 1 TL Koriander
- 1 TL Backpulver
- 2 EL Mehl
- Salz und Pfeffer nach Geschmack
- 3 EL Olivenöl

Zubereitung:

1. Ofen auf 200°C vorheizen und ein Backblech mit Backpapier auslegen.

2. Kichererbsen, Zwiebel, Knoblauch, Petersilie, Kreuzkümmel, Koriander, Backpulver, Mehl, Salz und Pfeffer in eine Küchenmaschine geben und zu einer groben Paste verarbeiten.

3. Aus der Masse kleine Bällchen formen und auf das Backblech legen.

4. Mit Olivenöl beträufeln.

5. Für 20-25 Minuten backen, bis die Falafel goldbraun und knusprig sind, dabei einmal wenden.

6. Warm servieren, zum Beispiel mit Hummus oder Joghurtdip.

Nährwerte (pro Portion):- Kalorien: 200 kcal- Eiweiß: 6 g- Fett: 10 g- Kohlenhydrate: 20 g

Thunfisch-Kroketten

Portionen: 4

Kochzeit: 25 Minuten

Zutaten:

- 2 Dosen Thunfisch im eigenen Saft (je 150 g), abgetropft
- 1 Kartoffel, gekocht und zerstampft
- 1 Ei
- 1 kleine Zwiebel, fein gehackt
- 2 EL Petersilie, gehackt
- 50 g Semmelbrösel
- 1 TL Zitronensaft
- Salz und Pfeffer nach Geschmack
- Öl zum Braten

Zubereitung:

1. Thunfisch, Kartoffel, Ei, Zwiebel, Petersilie, Semmelbrösel, Zitronensaft, Salz und Pfeffer in einer Schüssel gut vermengen.

2. Aus der Mischung kleine Kroketten formen.

3. Öl in einer Pfanne erhitzen und die Kroketten darin goldbraun braten, etwa 3-4 Minuten pro Seite.

4. Auf Küchenpapier abtropfen lassen und warm servieren.

Nährwerte (pro Portion):- Kalorien: 250 kcal- Eiweiß: 18 g- Fett: 10 g- Kohlenhydrate: 20 g

Pita-Chips mit Tzatziki

Portionen: 4

Kochzeit: 15 Minuten

Zutaten:

- 4 Pita-Brote
- 3 EL Olivenöl
- 1 TL Paprikapulver
- Salz nach Geschmack

Für das Tzatziki:

- 200 g griechischer Joghurt
- 1/2 Gurke, gerieben und ausgedrückt
- 2 Knoblauchzehen, gehackt
- 1 EL Zitronensaft
- 1 EL Olivenöl
- Salz und Pfeffer nach Geschmack
- 1 EL frischer Dill, gehackt (optional)

Zubereitung:

1. Ofen auf 200°C vorheizen und ein Backblech mit Backpapier auslegen.
2. Pita-Brote in Dreiecke schneiden und in einer Schüssel mit Olivenöl, Paprikapulver und Salz vermengen.
3. Pita-Dreiecke auf dem Backblech verteilen und für 10-12 Minuten backen, bis sie goldbraun und knusprig sind.
4. Für das Tzatziki: Joghurt, Gurke, Knoblauch, Zitronensaft, Olivenöl, Salz, Pfeffer und Dill in einer Schüssel gut vermengen.
5. Pita-Chips mit Tzatziki servieren.

Nährwerte (pro Portion):- Kalorien: 220 kcal- Eiweiß: 6 g- Fett: 12 g- Kohlenhydrate: 22 g

Gefüllte Paprika-Häppchen

Portionen: 4

Kochzeit: 20 Minuten

Zutaten:

- 4 kleine Paprikaschoten, halbiert und entkernt
- 200 g Frischkäse
- 50 g geriebener Parmesan
- 2 EL gehackte frische Kräuter (z.B. Petersilie, Schnittlauch)
- 1 Knoblauchzehe, gehackt
- Salz und Pfeffer nach Geschmack
- 1 EL Olivenöl

Zubereitung:

1. Ofen auf 180°C vorheizen und ein Backblech mit Backpapier auslegen.
2. Frischkäse, Parmesan, Kräuter, Knoblauch, Salz und Pfeffer in einer Schüssel gut vermengen.
3. Die Paprikahälften mit der Frischkäsemischung füllen und auf das Backblech legen.
4. Mit Olivenöl beträufeln.
5. Für 15-20 Minuten backen, bis die Paprika weich und die Füllung leicht gebräunt ist.
6. Warm servieren.

Nährwerte (pro Portion):

- Kalorien: 150 kcal
- Eiweiß: 6 g
- Fett: 12 g
- Kohlenhydrate: 4 g

Ziegenkäse-Feigen-Tartes

Portionen: 4

Kochzeit: 20 Minuten

Zutaten:

- 1 Rolle Blätterteig
- 200 g Ziegenkäse
- 4 frische Feigen, in Scheiben
- 1 EL Honig
- 1 TL frischer Thymian, gehackt
- Salz und Pfeffer nach Geschmack

Zubereitung:

1. Ofen auf 200°C vorheizen und ein Backblech mit Backpapier auslegen.
2. Blätterteig ausrollen und in 4 Quadrate schneiden.
3. Ziegenkäse gleichmäßig auf den Blätterteigquadraten verteilen.
4. Feigenscheiben auf den Ziegenkäse legen.
5. Mit Honig beträufeln und mit Thymian, Salz und Pfeffer bestreuen.
6. Die Teigecken leicht nach innen falten.
7. Für 15-20 Minuten backen, bis der Blätterteig goldbraun und knusprig ist.
8. Warm servieren.

Nährwerte (pro Portion):- Kalorien: 250 kcal- Eiweiß: 8 g- Fett: 18 g- Kohlenhydrate: 16 g

Mini-Corn-Dogs

Portionen: 4

Kochzeit: 20 Minuten

Zutaten:

- 8 Wiener Würstchen
- 100 g Maismehl
- 100 g Weizenmehl
- 1 EL Zucker
- 1 TL Backpulver
- 1/2 TL Salz
- 1 Ei
- 120 ml Milch
- 1 EL Pflanzenöl
- Holzspieße
- Öl zum Frittieren
- Ketchup und Senf zum Servieren

Zubereitung:

1. Würstchen halbieren und auf Holzspieße stecken.
2. In einer Schüssel Maismehl, Weizenmehl, Zucker, Backpulver und Salz vermischen.
3. Ei, Milch und Pflanzenöl hinzufügen und zu einem glatten Teig verrühren.
4. Öl in einem Topf oder einer Fritteuse auf 180°C erhitzen.
5. Würstchen in den Teig tauchen, bis sie vollständig bedeckt sind.
6. Im heißen Öl frittieren, bis sie goldbraun sind, etwa 3-4 Minuten.
7. Auf Küchenpapier abtropfen lassen und mit Ketchup und Senf servieren.

Nährwerte (pro Portion):- Kalorien: 300 kcal- Eiweiß: 8 g- Fett: 20 g- Kohlenhydrate: 22 g

Gebackene Parmesan-Chips

Portionen: 4

Kochzeit: 10 Minuten

Zutaten:

- 100 g geriebener Parmesan
- 1 TL Paprikapulver (optional)
- 1 TL getrocknete Kräuter (z.B. Oregano, Basilikum)

Zubereitung:

1. Ofen auf 200°C vorheizen und ein Backblech mit Backpapier auslegen.
2. Parmesan in kleinen Häufchen auf das Backblech setzen, leicht flach drücken.
3. Mit Paprikapulver und getrockneten Kräutern bestreuen.
4. Für 5-7 Minuten backen, bis die Chips goldbraun und knusprig sind.
5. Abkühlen lassen und servieren.

Nährwerte (pro Portion):

- Kalorien: 100 kcal
- Eiweiß: 9 g
- Fett: 7 g
- Kohlenhydrate: 1 g

Räucherlachs-Crostini

Portionen: 4

Kochzeit: 10 Minuten

Zutaten:

- 1 Baguette, in Scheiben geschnitten
- 100 g Räucherlachs
- 100 g Frischkäse
- 1 EL Zitronensaft
- 1 EL gehackter Dill
- Salz und Pfeffer nach Geschmack
- 1 EL Olivenöl

Zubereitung:

1. Baguettescheiben im Ofen oder Toaster leicht rösten.
2. Frischkäse mit Zitronensaft, Dill, Salz und Pfeffer vermischen.
3. Baguettescheiben mit der Frischkäsemischung bestreichen.
4. Räucherlachs auf den Crostini verteilen.
5. Mit Olivenöl beträufeln und sofort servieren.

Nährwerte (pro Portion):

- Kalorien: 150 kcal
- Eiweiß: 7 g
- Fett: 8 g
- Kohlenhydrate: 12 g

Artischocken-Dip mit Brot

Portionen: 4

Kochzeit: 20 Minuten

Zutaten:

- 1 Dose Artischockenherzen (400 g), abgetropft und gehackt
- 100 g Mayonnaise
- 100 g geriebener Parmesan
- 100 g Frischkäse
- 2 Knoblauchzehen, gehackt
- 1 TL Zitronensaft
- Salz und Pfeffer nach Geschmack
- Baguette oder Ciabatta zum Servieren

Zubereitung:

1. Ofen auf 180°C vorheizen.
2. In einer Schüssel Artischockenherzen, Mayonnaise, Parmesan, Frischkäse, Knoblauch und Zitronensaft gut vermischen.
3. Mit Salz und Pfeffer abschmecken.
4. Die Mischung in eine ofenfeste Form geben und für 15-20 Minuten backen, bis der Dip goldbraun und blubbernd ist.
5. Mit geschnittenem Baguette oder Ciabatta servieren.

Nährwerte (pro Portion):- Kalorien: 250 kcal- Eiweiß: 8 g- Fett: 20 g- Kohlenhydrate: 10 g

---

Gefüllte Datteln mit Mandeln

Portionen: 4

Kochzeit: 10 Minuten

Zutaten:

- 20 große Datteln, entkernt
- 20 Mandeln
- 100 g Ziegenkäse (optional)

Zubereitung:

1. Jede Dattel mit einer Mandel füllen.
2. Optional etwas Ziegenkäse in jede Dattel geben.
3. Datteln auf einer Servierplatte anrichten und sofort servieren.

Nährwerte (pro Portion):

- Kalorien: 150 kcal
- Eiweiß: 3 g
- Fett: 5 g
- Kohlenhydrate: 25 g

Kapitel 3: Salate und leichte Gerichte

Frischer Caesar-Salat mit Hähnchen

Portionen: 4

Kochzeit: 20 Minuten

Zutaten:

- 2 Hähnchenbrustfilets

- 1 EL Olivenöl

- 1 Romana-Salatkopf, in Stücke geschnitten

- 50 g geriebener Parmesan

- 100 g Croutons

- 1 Ei

- 2 Knoblauchzehen, gehackt

- 1 TL Dijon-Senf

- 2 EL Zitronensaft

- 3 EL Olivenöl

- Salz und Pfeffer nach Geschmack

Zubereitung:

1. Hähnchenbrustfilets mit Olivenöl, Salz und Pfeffer würzen. In einer Pfanne bei mittlerer Hitze etwa 6-8 Minuten pro Seite braten, bis sie durchgegart sind. Anschließend in Streifen schneiden.

2. Für das Dressing: Ei, Knoblauch, Dijon-Senf, Zitronensaft, Salz und Pfeffer in einem Mixer oder einer Schüssel gut vermischen. Langsam das Olivenöl einrühren, bis das Dressing eine cremige Konsistenz erreicht.

3. Romana-Salat in eine große Schüssel geben, mit dem Dressing vermischen.

4. Hähnchenstreifen, geriebenen Parmesan und Croutons darüber verteilen.

5. Sofort servieren.

Nährwerte (pro Portion):- Kalorien: 350 kcal- Eiweiß: 28 g- Fett: 20 g- Kohlenhydrate: 10 g

Sommerlicher Nudelsalat mit Pesto

Portionen: 4

Kochzeit: 20 Minuten

Zutaten:

- 300 g Fusilli oder andere kurze Nudeln
- 200 g Kirschtomaten, halbiert
- 1 gelbe Paprika, gewürfelt
- 1 Gurke, in Scheiben
- 100 g Rucola
- 100 g Pesto
- 2 EL Olivenöl
- Salz und Pfeffer nach Geschmack

Zubereitung:

1. Nudeln nach Packungsanweisung al dente kochen, abgießen und abkühlen lassen.
2. Kirschtomaten, Paprika und Gurke in eine große Schüssel geben.
3. Abgekühlte Nudeln und Rucola hinzufügen.
4. Pesto und Olivenöl unterrühren, bis alles gut vermischt ist.
5. Mit Salz und Pfeffer abschmecken.
6. Sofort servieren oder im Kühlschrank kaltstellen.

Nährwerte (pro Portion):- Kalorien: 350 kcal- Eiweiß: 10 g- Fett: 18 g- Kohlenhydrate: 40 g

Quinoa-Salat mit Avocado und Mango

Portionen: 4

Kochzeit: 20 Minuten

Zutaten:

- 200 g Quinoa
- 1 Avocado, gewürfelt
- 1 Mango, gewürfelt
- 1 rote Paprika, gewürfelt
- 1 kleine rote Zwiebel, fein gehackt
- 2 EL Limettensaft
- 3 EL Olivenöl
- 1 EL Honig oder Ahornsirup
- Salz und Pfeffer nach Geschmack
- 1 Handvoll frischer Koriander, gehackt

Zubereitung:

1. Quinoa nach Packungsanweisung kochen, abgießen und abkühlen lassen.
2. Avocado, Mango, Paprika und Zwiebel in eine große Schüssel geben.
3. Abgekühlte Quinoa hinzufügen und gut vermischen.
4. Limettensaft, Olivenöl, Honig, Salz und Pfeffer in einer kleinen Schüssel vermischen und über den Salat gießen.
5. Mit gehacktem Koriander bestreuen.
6. Sofort servieren oder im Kühlschrank kaltstellen.

Nährwerte (pro Portion):- Kalorien: 300 kcal- Eiweiß: 7 g- Fett: 18 g- Kohlenhydrate: 32 g

Griechischer Salat mit Feta und Oliven

Portionen: 4

Kochzeit: 15 Minuten

Zutaten:

- 4 Tomaten, gewürfelt
- 1 Gurke, in Scheiben
- 1 rote Zwiebel, in dünne Ringe
- 100 g Kalamata-Oliven
- 200 g Feta-Käse, gewürfelt
- 1 grüne Paprika, in Streifen
- 3 EL Olivenöl
- 2 EL Rotweinessig
- 1 TL getrockneter Oregano
- Salz und Pfeffer nach Geschmack

Zubereitung:

1. Tomaten, Gurke, Zwiebel, Oliven, Feta und grüne Paprika in eine große Schüssel geben.

2. Olivenöl, Rotweinessig, Oregano, Salz und Pfeffer in einer kleinen Schüssel vermischen und über den Salat gießen.

3. Gut vermengen und sofort servieren.

Nährwerte (pro Portion):- Kalorien: 250 kcal- Eiweiß: 8 g- Fett: 20 g- Kohlenhydrate: 10 g

Couscous-Salat mit geröstetem Gemüse

Portionen: 4

Kochzeit: 30 Minuten

Zutaten:

- 200 g Couscous
- 1 Zucchini, gewürfelt
- 1 rote Paprika, gewürfelt
- 1 Aubergine, gewürfelt
- 1 rote Zwiebel, in Spalten
- 2 EL Olivenöl
- Salz und Pfeffer nach Geschmack
- 1 TL Paprikapulver
- 1 TL Kreuzkümmel
- 1 Handvoll frische Petersilie, gehackt
- 2 EL Zitronensaft

Zubereitung:

1. Ofen auf 200°C vorheizen und ein Backblech mit Backpapier auslegen.
2. Zucchini, Paprika, Aubergine und Zwiebel auf das Backblech legen, mit Olivenöl, Salz, Pfeffer, Paprikapulver und Kreuzkümmel vermengen.
3. Für 20-25 Minuten rösten, bis das Gemüse weich und leicht gebräunt ist.
4. In der Zwischenzeit Couscous nach Packungsanweisung zubereiten.
5. Geröstetes Gemüse und Couscous in eine große Schüssel geben, Zitronensaft und gehackte Petersilie hinzufügen.
6. Gut vermischen und sofort servieren.

Nährwerte (pro Portion):- Kalorien: 300 kcal- Eiweiß: 7 g- Fett: 12 g- Kohlenhydrate: 40 g

Spinatsalat mit Erdbeeren und Balsamico

Portionen: 4

Kochzeit: 10 Minuten

Zutaten:

- 200 g frischer Babyspinat
- 200 g Erdbeeren, in Scheiben
- 50 g gehobelter Parmesan
- 50 g gehackte Walnüsse
- 3 EL Balsamico-Essig
- 2 EL Olivenöl
- 1 EL Honig
- Salz und Pfeffer nach Geschmack

Zubereitung:

1. Babyspinat in eine große Schüssel geben.
2. Erdbeeren, gehobelten Parmesan und gehackte Walnüsse hinzufügen.
3. Balsamico-Essig, Olivenöl, Honig, Salz und Pfeffer in einer kleinen Schüssel vermischen und über den Salat gießen.
4. Gut vermengen und sofort servieren.

Nährwerte (pro Portion):

- Kalorien: 200 kcal
- Eiweiß: 5 g
- Fett: 15 g
- Kohlenhydrate: 12 g

Rucola-Salat mit Parmesan und Pinienkernen

Portionen: 4

Kochzeit: 10 Minuten

Zutaten:

- 200 g Rucola
- 50 g gehobelter Parmesan
- 3 EL Pinienkerne, geröstet
- 3 EL Olivenöl
- 2 EL Zitronensaft
- Salz und Pfeffer nach Geschmack

Zubereitung:

1. Rucola in eine große Schüssel geben.
2. Gehobelten Parmesan und geröstete Pinienkerne hinzufügen.
3. Olivenöl und Zitronensaft in einer kleinen Schüssel vermischen und über den Salat gießen.
4. Mit Salz und Pfeffer abschmecken.
5. Gut vermengen und sofort servieren.

Nährwerte (pro Portion):

- Kalorien: 180 kcal
- Eiweiß: 6 g
- Fett: 15 g
- Kohlenhydrate: 4 g

Bunter Gemüsesalat mit Tahini-Dressing

Portionen: 4

Kochzeit: 15 Minuten

Zutaten:

- 1 rote Paprika, gewürfelt
- 1 gelbe Paprika, gewürfelt
- 1 Gurke, gewürfelt
- 2 Karotten, geraspelt
- 100 g Kirschtomaten, halbiert
- 50 g rote Zwiebel, fein gehackt
- 2 EL gehackte frische Petersilie

Für das Tahini-Dressing:

- 3 EL Tahini
- 2 EL Zitronensaft
- 1 EL Olivenöl
- 1 EL Honig oder Ahornsirup
- 2 EL Wasser
- Salz und Pfeffer nach Geschmack

Zubereitung:

1. Paprika, Gurke, Karotten, Kirschtomaten, Zwiebel und Petersilie in eine große Schüssel geben.

2. Für das Dressing: Tahini, Zitronensaft, Olivenöl, Honig, Wasser, Salz und Pfeffer in einer kleinen Schüssel gut vermischen.

3. Das Dressing über den Salat gießen und gut vermengen.

4. Sofort servieren.

Nährwerte (pro Portion):- Kalorien: 150 kcal- Eiweiß: 4 g- Fett: 10 g- Kohlenhydrate: 12 g

Linsensalat mit Karotten und Minze

Portionen: 4

Kochzeit: 25 Minuten

Zutaten:

- 200 g grüne oder braune Linsen
- 2 Karotten, geraspelt
- 1 rote Zwiebel, fein gehackt
- 1 Handvoll frische Minzblätter, gehackt
- 3 EL Olivenöl
- 2 EL Zitronensaft
- 1 TL Kreuzkümmel
- Salz und Pfeffer nach Geschmack

Zubereitung:

1. Linsen nach Packungsanweisung kochen, abgießen und abkühlen lassen.
2. Karotten, Zwiebel und Minzblätter in eine große Schüssel geben.
3. Abgekühlte Linsen hinzufügen und gut vermengen.
4. Olivenöl, Zitronensaft, Kreuzkümmel, Salz und Pfeffer in einer kleinen Schüssel vermischen und über den Salat gießen.
5. Gut vermengen und sofort servieren.

Nährwerte (pro Portion):

- Kalorien: 250 kcal
- Eiweiß: 10 g
- Fett: 12 g
- Kohlenhydrate: 28 g

Kartoffelsalat mit Joghurt-Dressing

Portionen: 4

Kochzeit: 20 Minuten

Zutaten:

- 800 g Kartoffeln
- 200 g griechischer Joghurt
- 2 EL Mayonnaise
- 1 TL Senf
- 2 EL Zitronensaft
- 2 Frühlingszwiebeln, in Ringe geschnitten
- 1 Handvoll frische Kräuter (z.B. Dill, Petersilie), gehackt
- Salz und Pfeffer nach Geschmack

Zubereitung:

1. Kartoffeln in Salzwasser kochen, bis sie weich sind. Abgießen und abkühlen lassen, dann in mundgerechte Stücke schneiden.
2. Für das Dressing: Joghurt, Mayonnaise, Senf, Zitronensaft, Salz und Pfeffer in einer großen Schüssel gut vermischen.
3. Kartoffeln, Frühlingszwiebeln und gehackte Kräuter in die Schüssel geben und vorsichtig vermengen.
4. Sofort servieren oder im Kühlschrank kaltstellen.

Nährwerte (pro Portion):

- Kalorien: 200 kcal
- Eiweiß: 5 g
- Fett: 10 g
- Kohlenhydrate: 25 g

Brokkoli-Salat mit Mandeln und Cranberries

Portionen: 4

Kochzeit: 15 Minuten

Zutaten:

- 500 g Brokkoli, in kleine Röschen zerteilt
- 50 g Mandeln, gehackt und geröstet
- 50 g getrocknete Cranberries
- 1 rote Zwiebel, fein gehackt
- 3 EL griechischer Joghurt
- 2 EL Mayonnaise
- 1 EL Apfelessig
- 1 EL Honig
- Salz und Pfeffer nach Geschmack

Zubereitung:

1. Brokkoli in kochendem Wasser für 2-3 Minuten blanchieren, abgießen und abkühlen lassen.

2. Joghurt, Mayonnaise, Apfelessig, Honig, Salz und Pfeffer in einer großen Schüssel vermischen.

3. Brokkoli, Mandeln, Cranberries und rote Zwiebel hinzufügen und gut vermengen.

4. Sofort servieren oder im Kühlschrank kaltstellen.

Nährwerte (pro Portion):- Kalorien: 180 kcal- Eiweiß: 5 g- Fett: 10 g- Kohlenhydrate: 18 g

Caprese-Salat mit frischen Tomaten und Mozzarella

Portionen: 4

Kochzeit: 10 Minuten

Zutaten:

- 4 große Tomaten, in Scheiben geschnitten
- 200 g frischer Mozzarella, in Scheiben geschnitten
- 1 Handvoll frische Basilikumblätter
- 3 EL Olivenöl
- 2 EL Balsamico-Essig
- Salz und Pfeffer nach Geschmack

Zubereitung:

1. Tomatenscheiben und Mozzarellascheiben abwechselnd auf einer Servierplatte anrichten.
2. Basilikumblätter dazwischen verteilen.
3. Olivenöl und Balsamico-Essig über den Salat träufeln.
4. Mit Salz und Pfeffer abschmecken.
5. Sofort servieren.

Nährwerte (pro Portion):

- Kalorien: 200 kcal
- Eiweiß: 10 g
- Fett: 16 g
- Kohlenhydrate: 6 g

Rote-Bete-Salat mit Ziegenkäse und Walnüssen

Portionen: 4

Kochzeit: 20 Minuten

Zutaten:

- 4 mittelgroße Rote Bete, gekocht und in Scheiben geschnitten
- 100 g Ziegenkäse, zerbröselt
- 50 g Walnüsse, grob gehackt
- 1 Handvoll Rucola
- 3 EL Olivenöl
- 2 EL Balsamico-Essig
- 1 TL Honig
- Salz und Pfeffer nach Geschmack

Zubereitung:

1. Rote Bete, Ziegenkäse, Walnüsse und Rucola in eine große Schüssel geben.
2. Olivenöl, Balsamico-Essig, Honig, Salz und Pfeffer in einer kleinen Schüssel gut vermischen und über den Salat gießen.
3. Vorsichtig vermengen und sofort servieren.

Nährwerte (pro Portion):

- Kalorien: 250 kcal
- Eiweiß: 8 g
- Fett: 18 g
- Kohlenhydrate: 16 g

Asiatischer Glasnudelsalat mit Sesam-Dressing

Portionen: 4

Kochzeit: 15 Minuten

Zutaten:

- 200 g Glasnudeln
- 1 rote Paprika, in dünne Streifen geschnitten
- 1 Gurke, in dünne Streifen geschnitten
- 2 Karotten, geraspelt
- 2 Frühlingszwiebeln, in Ringe geschnitten
- 1 Handvoll frische Korianderblätter

Für das Sesam-Dressing:

- 3 EL Sojasauce
- 2 EL Sesamöl
- 1 EL Reisessig
- 1 EL Limettensaft
- 1 EL Honig oder Ahornsirup
- 1 TL geriebener Ingwer
- 1 Knoblauchzehe, gehackt
- 1 EL geröstete Sesamsamen

Zubereitung:

1. Glasnudeln nach Packungsanweisung kochen, abgießen und abkühlen lassen.

2. Rote Paprika, Gurke, Karotten, Frühlingszwiebeln und Koriander in eine große Schüssel geben.

3. Glasnudeln hinzufügen und gut vermengen.

4. Für das Dressing: Sojasauce, Sesamöl, Reisessig, Limettensaft, Honig, Ingwer und Knoblauch in einer kleinen Schüssel gut vermischen und über den Salat gießen.

5. Gut vermengen und mit gerösteten Sesamsamen bestreuen.

6. Sofort servieren.

Nährwerte (pro Portion):

- Kalorien: 250 kcal

- Eiweiß: 5 g

- Fett: 12 g

- Kohlenhydrate: 30 g

Kichererbsensalat mit Gurke und Dill

Portionen: 4

Kochzeit: 10 Minuten

Zutaten:

- 1 Dose Kichererbsen (400 g), abgetropft und gespült
- 1 Gurke, in Würfel geschnitten
- 1 rote Zwiebel, fein gehackt
- 1 Handvoll frischer Dill, gehackt
- 3 EL Olivenöl
- 2 EL Zitronensaft
- Salz und Pfeffer nach Geschmack

Zubereitung:

1. Kichererbsen, Gurke, rote Zwiebel und Dill in eine große Schüssel geben.
2. Olivenöl und Zitronensaft hinzufügen und gut vermengen.
3. Mit Salz und Pfeffer abschmecken.
4. Sofort servieren oder im Kühlschrank kaltstellen.

Nährwerte (pro Portion):

- Kalorien: 180 kcal
- Eiweiß: 6 g
- Fett: 10 g
- Kohlenhydrate: 16 g

Wassermelonen-Feta-Salat mit Minze

Portionen: 4

Kochzeit: 10 Minuten

Zutaten:

- 800 g Wassermelone, in Würfel geschnitten
- 200 g Feta-Käse, zerbröselt
- 1 Handvoll frische Minzblätter, gehackt
- 2 EL Olivenöl
- 1 EL Balsamico-Essig
- Salz und Pfeffer nach Geschmack

Zubereitung:

1. Wassermelonenwürfel, Feta und gehackte Minze in eine große Schüssel geben.
2. Olivenöl und Balsamico-Essig darüber träufeln.
3. Mit Salz und Pfeffer abschmecken.
4. Vorsichtig vermengen und sofort servieren.

Nährwerte (pro Portion):

- Kalorien: 150 kcal
- Eiweiß: 6 g
- Fett: 10 g
- Kohlenhydrate: 12 g

Mediterraner Auberginen-Salat

Portionen: 4

Kochzeit: 30 Minuten

Zutaten:

- 2 mittelgroße Auberginen, in Würfel geschnitten
- 1 rote Paprika, gewürfelt
- 1 gelbe Paprika, gewürfelt
- 1 rote Zwiebel, in Spalten geschnitten
- 3 EL Olivenöl
- 2 EL Rotweinessig
- 1 TL getrockneter Oregano
- 1 Handvoll frische Petersilie, gehackt
- Salz und Pfeffer nach Geschmack

Zubereitung:

1. Ofen auf 200°C vorheizen und ein Backblech mit Backpapier auslegen.
2. Auberginen, Paprika und Zwiebel in einer Schüssel mit 2 EL Olivenöl, Salz und Pfeffer vermischen.
3. Gemüse auf dem Backblech verteilen und 25-30 Minuten rösten, bis es weich und leicht gebräunt ist.
4. In einer großen Schüssel das geröstete Gemüse mit Rotweinessig, dem restlichen Olivenöl und Oregano vermischen.
5. Mit gehackter Petersilie bestreuen und sofort servieren.

Nährwerte (pro Portion):

- Kalorien: 180 kcal- Eiweiß: 3 g- Fett: 12 g- Kohlenhydrate: 15 g

Thunfisch-Avocado-Salat mit Limetten-Dressing

Portionen: 4

Kochzeit: 10 Minuten

Zutaten:

- 2 Dosen Thunfisch im eigenen Saft (je 150 g), abgetropft
- 2 Avocados, gewürfelt
- 1 rote Zwiebel, fein gehackt
- 1 rote Paprika, gewürfelt
- 1 Handvoll Korianderblätter, gehackt
- 3 EL Limettensaft
- 2 EL Olivenöl
- Salz und Pfeffer nach Geschmack

Zubereitung:

1. Thunfisch, Avocado, rote Zwiebel, Paprika und Koriander in eine große Schüssel geben.
2. Limettensaft und Olivenöl hinzufügen und gut vermengen.
3. Mit Salz und Pfeffer abschmecken.
4. Vorsichtig vermengen und sofort servieren.

Nährwerte (pro Portion):

- Kalorien: 250 kcal
- Eiweiß: 18 g
- Fett: 18 g
- Kohlenhydrate: 8 g

Zucchini-Nudelsalat mit Basilikum-Pesto

Portionen: 4

Kochzeit: 15 Minuten

Zutaten:

- 3 mittelgroße Zucchini, spiralisiert oder in dünne Streifen geschnitten
- 100 g Kirschtomaten, halbiert
- 50 g geröstete Pinienkerne
- 50 g Parmesan, gerieben

Für das Basilikum-Pesto:

- 1 Bund frisches Basilikum
- 2 Knoblauchzehen
- 50 g Pinienkerne
- 60 g Parmesan, gerieben
- 100 ml Olivenöl
- Salz und Pfeffer nach Geschmack

Zubereitung:

1. Für das Pesto: Basilikum, Knoblauch, Pinienkerne, Parmesan, Olivenöl, Salz und Pfeffer in einem Mixer zu einer glatten Paste verarbeiten.

2. Zucchini-Nudeln, Kirschtomaten und geröstete Pinienkerne in eine große Schüssel geben.

3. Basilikum-Pesto hinzufügen und gut vermengen.

4. Mit geriebenem Parmesan bestreuen und sofort servieren.

Nährwerte (pro Portion):- Kalorien: 300 kcal- Eiweiß: 10 g- Fett: 24 g- Kohlenhydrate: 12 g

Fenchel-Orangen-Salat mit Oliven

Portionen: 4

Kochzeit: 10 Minuten

Zutaten:

- 2 große Fenchelknollen, in dünne Scheiben geschnitten
- 2 Orangen, geschält und in Scheiben geschnitten
- 50 g Kalamata-Oliven, entsteint und halbiert
- 1 Handvoll frische Petersilie, gehackt
- 3 EL Olivenöl
- 2 EL Zitronensaft
- Salz und Pfeffer nach Geschmack

Zubereitung:

1. Fenchel, Orangen und Oliven in eine große Schüssel geben.
2. Olivenöl und Zitronensaft hinzufügen und gut vermengen.
3. Mit gehackter Petersilie, Salz und Pfeffer abschmecken.
4. Vorsichtig vermengen und sofort servieren.

Nährwerte (pro Portion):

- Kalorien: 150 kcal
- Eiweiß: 2 g
- Fett: 10 g
- Kohlenhydrate: 15 g

Bohnen-Mais-Salat mit Koriander

Portionen: 4

Kochzeit: 10 Minuten

Zutaten:

- 1 Dose schwarze Bohnen (400 g), abgetropft und gespült
- 1 Dose Mais (400 g), abgetropft
- 1 rote Paprika, gewürfelt
- 1 Avocado, gewürfelt
- 1 kleine rote Zwiebel, fein gehackt
- 1 Handvoll frischer Koriander, gehackt
- 3 EL Limettensaft
- 2 EL Olivenöl
- Salz und Pfeffer nach Geschmack

Zubereitung:

1. Schwarze Bohnen, Mais, rote Paprika, Avocado und rote Zwiebel in eine große Schüssel geben.
2. Limettensaft und Olivenöl hinzufügen und gut vermengen.
3. Mit gehacktem Koriander, Salz und Pfeffer abschmecken.
4. Vorsichtig vermengen und sofort servieren.

Nährwerte (pro Portion):- Kalorien: 200 kcal- Eiweiß: 6 g- Fett: 10 g- Kohlenhydrate: 25 g

Herbstlicher Salat mit Kürbis und Granatapfelkernen

Portionen: 4

Kochzeit: 30 Minuten

Zutaten:

- 1 kleiner Hokkaido-Kürbis, gewürfelt
- 2 EL Olivenöl
- Salz und Pfeffer nach Geschmack
- 1 Handvoll Rucola
- 50 g Granatapfelkerne
- 50 g Feta-Käse, zerbröselt
- 2 EL Kürbiskerne, geröstet

Für das Dressing:

- 3 EL Olivenöl
- 2 EL Apfelessig
- 1 EL Ahornsirup
- 1 TL Dijon-Senf

Zubereitung:

1. Ofen auf 200°C vorheizen. Kürbiswürfel mit 2 EL Olivenöl, Salz und Pfeffer vermengen und auf einem Backblech verteilen. Für 25-30 Minuten rösten, bis sie weich und leicht gebräunt sind.

2. In der Zwischenzeit alle Zutaten für das Dressing in einer kleinen Schüssel gut vermischen.

3. Rucola, Granatapfelkerne und Kürbiskerne in eine große Schüssel geben.

4. Gerösteten Kürbis hinzufügen und gut vermengen.

5. Mit dem Dressing beträufeln und mit Feta-Käse bestreuen.

6. Sofort servieren.

Nährwerte (pro Portion):- Kalorien: 250 kcal- Eiweiß: 5 g- Fett: 18 g- Kohlenhydrate: 20 g

Blumenkohl-Reis-Salat mit Zitronen-Dressing

Portionen: 4

Kochzeit: 15 Minuten

Zutaten:

- 1 großer Blumenkohlkopf, in Röschen zerteilt
- 1 Gurke, gewürfelt
- 1 rote Paprika, gewürfelt
- 2 Frühlingszwiebeln, in Ringe geschnitten
- 1 Handvoll frische Petersilie, gehackt

Für das Zitronen-Dressing:

- 3 EL Olivenöl
- 2 EL Zitronensaft
- 1 TL Honig oder Ahornsirup
- 1 TL Dijon-Senf
- Salz und Pfeffer nach Geschmack

Zubereitung:

1. Blumenkohlröschen in einer Küchenmaschine zu einer reisähnlichen Konsistenz verarbeiten.
2. Blumenkohlreis, Gurke, Paprika und Frühlingszwiebeln in eine große Schüssel geben.
3. Alle Zutaten für das Dressing in einer kleinen Schüssel gut vermischen und über den Salat gießen.
4. Mit gehackter Petersilie bestreuen.
5. Gut vermengen und sofort servieren.

Nährwerte (pro Portion):- Kalorien: 120 kcal- Eiweiß: 3 g- Fett: 8 g- Kohlenhydrate: 10 g

Vegan Burrito-Bowl mit Quinoa und schwarzen Bohnen

Portionen: 4

Kochzeit: 25 Minuten

Zutaten:

- 200 g Quinoa
- 1 Dose schwarze Bohnen (400 g), abgetropft und gespült
- 1 Avocado, gewürfelt
- 1 rote Paprika, gewürfelt
- 1 kleine rote Zwiebel, fein gehackt
- 1 Handvoll Kirschtomaten, halbiert
- 1 Handvoll frischer Koriander, gehackt
- 100 g Mais (frisch oder aus der Dose)

Für das Dressing:

- 3 EL Olivenöl
- 2 EL Limettensaft
- 1 TL Kreuzkümmel
- 1 TL Paprikapulver
- Salz und Pfeffer nach Geschmack

Zubereitung:

1. Quinoa nach Packungsanweisung kochen und abkühlen lassen.
2. Schwarze Bohnen, Avocado, Paprika, rote Zwiebel, Kirschtomaten, Koriander und Mais in eine große Schüssel geben.
3. Abgekühlte Quinoa hinzufügen und gut vermengen.
4. Alle Zutaten für das Dressing in einer kleinen Schüssel gut vermischen und über den Salat gießen.
5. Gut vermengen und sofort servieren.

Nährwerte (pro Portion):- Kalorien: 300 kcal- Eiweiß: 10 g- Fett: 15 g- Kohlenhydrate: 35 g

Eiersalat mit Senf-Dill-Dressing

Portionen: 4

Kochzeit: 15 Minuten

Zutaten:

- 6 Eier
- 2 EL griechischer Joghurt
- 2 EL Mayonnaise
- 1 TL Dijon-Senf
- 1 TL Zitronensaft
- 1 EL gehackter frischer Dill
- 1 kleine rote Zwiebel, fein gehackt
- Salz und Pfeffer nach Geschmack

Zubereitung:

1. Eier in kochendem Wasser etwa 10 Minuten hart kochen. Abgießen, abschrecken und abkühlen lassen, dann schälen und grob hacken.
2. In einer großen Schüssel Joghurt, Mayonnaise, Senf, Zitronensaft, Dill, rote Zwiebel, Salz und Pfeffer vermischen.
3. Gehackte Eier hinzufügen und vorsichtig unterheben.
4. Sofort servieren oder im Kühlschrank kaltstellen.

Nährwerte (pro Portion):

- Kalorien: 200 kcal
- Eiweiß: 10 g
- Fett: 16 g
- Kohlenhydrate: 2 g

Tomaten-Gurken-Salat mit roten Zwiebeln

Portionen: 4

Kochzeit: 10 Minuten

Zutaten:

- 4 Tomaten, gewürfelt
- 1 Gurke, in Scheiben
- 1 rote Zwiebel, in dünne Ringe
- 2 EL Olivenöl
- 1 EL Rotweinessig
- Salz und Pfeffer nach Geschmack
- 1 Handvoll frische Petersilie, gehackt

Zubereitung:

1. Tomaten, Gurke und rote Zwiebel in eine große Schüssel geben.
2. Olivenöl und Rotweinessig hinzufügen und gut vermengen.
3. Mit Salz und Pfeffer abschmecken.
4. Mit gehackter Petersilie bestreuen und sofort servieren.

Nährwerte (pro Portion):

- Kalorien: 80 kcal
- Eiweiß: 2 g
- Fett: 6 g
- Kohlenhydrate: 6 g

Avocado-Kichererbsen-Salat mit Zitronen-Tahini-Dressing

Portionen: 4

Kochzeit: 10 Minuten

Zutaten:

- 1 Dose Kichererbsen (400 g), abgetropft und gespült
- 2 Avocados, gewürfelt
- 1 Gurke, gewürfelt
- 1 rote Paprika, gewürfelt
- 1 Handvoll frischer Koriander, gehackt

Für das Zitronen-Tahini-Dressing:

- 3 EL Tahini
- 2 EL Zitronensaft
- 1 EL Olivenöl
- 1 TL Honig oder Ahornsirup
- 2 EL Wasser
- Salz und Pfeffer nach Geschmack

Zubereitung:

1. Kichererbsen, Avocado, Gurke, Paprika und Koriander in eine große Schüssel geben.
2. Für das Dressing: Tahini, Zitronensaft, Olivenöl, Honig, Wasser, Salz und Pfeffer in einer kleinen Schüssel gut vermischen.
3. Das Dressing über den Salat gießen und gut vermengen.
4. Sofort servieren.

Nährwerte (pro Portion):- Kalorien: 250 kcal- Eiweiß: 6 g- Fett: 18 g- Kohlenhydrate: 20 g

Erfrischender Ananas-Gurkensalat

Portionen: 4

Kochzeit: 10 Minuten

Zutaten:

- 1 Ananas, geschält und gewürfelt
- 1 Gurke, gewürfelt
- 1 rote Zwiebel, fein gehackt
- 1 Handvoll frische Minzblätter, gehackt
- 2 EL Limettensaft
- 1 EL Honig oder Ahornsirup
- Salz und Pfeffer nach Geschmack

Zubereitung:

1. Ananas, Gurke und rote Zwiebel in eine große Schüssel geben.
2. Limettensaft und Honig hinzufügen und gut vermengen.
3. Mit gehackter Minze, Salz und Pfeffer abschmecken.
4. Vorsichtig vermengen und sofort servieren.

Nährwerte (pro Portion):

- Kalorien: 100 kcal
- Eiweiß: 1 g
- Fett: 1 g
- Kohlenhydrate: 25 g

Thai-Hähnchen-Salat mit Erdnuss-Dressing

Portionen: 4

Kochzeit: 20 Minuten

Zutaten:

- 2 Hähnchenbrustfilets
- 1 EL Olivenöl
- 1 rote Paprika, in dünne Streifen geschnitten
- 1 Gurke, in dünne Streifen geschnitten
- 2 Karotten, geraspelt
- 1 Handvoll Korianderblätter
- 1 Handvoll Minzblätter
- 50 g geröstete Erdnüsse, grob gehackt

Für das Erdnuss-Dressing:

- 3 EL Erdnussbutter
- 2 EL Sojasauce
- 2 EL Limettensaft
- 1 EL Honig oder Ahornsirup
- 1 TL Sesamöl
- 1 Knoblauchzehe, gehackt
- 1 TL geriebener Ingwer
- Wasser nach Bedarf

Zubereitung:

1. Hähnchenbrustfilets mit Olivenöl, Salz und Pfeffer würzen. In einer Pfanne bei mittlerer Hitze etwa 6-8 Minuten pro Seite braten, bis sie durchgegart sind. Anschließend in Streifen schneiden.

2. Für das Dressing: Erdnussbutter, Sojasauce, Limettensaft, Honig, Sesamöl, Knoblauch und Ingwer in einer kleinen Schüssel gut vermischen. Bei Bedarf etwas Wasser hinzufügen, um die gewünschte Konsistenz zu erreichen.

3. Paprika, Gurke, Karotten, Koriander und Minzblätter in eine große Schüssel geben.

4. Hähnchenstreifen hinzufügen und gut vermengen.

5. Das Erdnuss-Dressing darüber gießen und mit gerösteten Erdnüssen bestreuen.

6. Sofort servieren.

Nährwerte (pro Portion):

- Kalorien: 350 kcal

- Eiweiß: 25 g

- Fett: 20 g

- Kohlenhydrate: 18 g

Rote-Linsen-Salat mit Paprika und Petersilie

Portionen: 4

Kochzeit: 20 Minuten

Zutaten:

- 200 g rote Linsen
- 1 rote Paprika, gewürfelt
- 1 gelbe Paprika, gewürfelt
- 1 Gurke, gewürfelt
- 1 kleine rote Zwiebel, fein gehackt
- 1 Handvoll frische Petersilie, gehackt
- 3 EL Olivenöl
- 2 EL Zitronensaft
- Salz und Pfeffer nach Geschmack

Zubereitung:

1. Rote Linsen nach Packungsanweisung kochen, abgießen und abkühlen lassen.
2. Paprika, Gurke, rote Zwiebel und Petersilie in eine große Schüssel geben.
3. Abgekühlte Linsen hinzufügen und gut vermengen.
4. Olivenöl und Zitronensaft hinzufügen und gut vermengen.
5. Mit Salz und Pfeffer abschmecken.
6. Vorsichtig vermengen und sofort servieren.

Nährwerte (pro Portion):- Kalorien: 200 kcal- Eiweiß: 8 g- Fett: 10 g- Kohlenhydrate: 20 g

Kapitel 4: Hauptgerichte

Gnocchi mit Pilzen und Hühnchenbrust

Portionen: 4

Kochzeit: 30 Minuten

Zutaten:

- 500 g Gnocchi (aus dem Kühlregal oder selbstgemacht)
- 2 Hähnchenbrustfilets, in Streifen geschnitten
- 200 g Champignons, in Scheiben geschnitten
- 1 Zwiebel, fein gehackt
- 2 Knoblauchzehen, gehackt
- 200 ml Sahne
- 100 ml Hühnerbrühe
- 50 g geriebener Parmesan
- 2 EL Olivenöl
- 1 TL getrockneter Thymian
- Salz und Pfeffer nach Geschmack
- Frische Petersilie, gehackt, zum Garnieren

Zubereitung:

1. **Hähnchen anbraten:** Olivenöl in einer großen Pfanne erhitzen. Hähnchenstreifen darin anbraten, bis sie goldbraun und durchgegart sind. Herausnehmen und beiseite stellen.

2. **Pilze und Zwiebeln anbraten:** Im gleichen Öl Zwiebel und Knoblauch anbraten, bis sie weich sind. Pilze hinzufügen und etwa 5 Minuten mitbraten, bis sie goldbraun sind.

3. **Gnocchi kochen:** In der Zwischenzeit die Gnocchi nach Packungsanweisung in einem großen Topf mit Salzwasser kochen, bis sie an die Oberfläche steigen. Abgießen und beiseite stellen.

4. **Sauce zubereiten:** Sahne und Hühnerbrühe zu den Pilzen in die Pfanne geben, Thymian hinzufügen und alles gut vermengen. Bei mittlerer Hitze köcheln lassen, bis die Sauce leicht eindickt.

5. **Gnocchi und Hähnchen hinzufügen:** Gnocchi und die angebratenen Hähnchenstreifen in die Pfanne geben und gut vermengen. Mit Salz und Pfeffer abschmecken.

6. **Servieren:** Mit geriebenem Parmesan bestreuen und mit frischer Petersilie garnieren. Sofort servieren.

Blitzschnelle Spaghetti Carbonara

Portionen: 4

Kochzeit: 20 Minuten

Zutaten:

- 400 g Spaghetti
- 200 g Speck, gewürfelt
- 3 Eier
- 100 g geriebener Parmesan
- 2 Knoblauchzehen, gehackt
- Salz und Pfeffer nach Geschmack
- Frische Petersilie, gehackt

Zubereitung:

1. Spaghetti nach Packungsanweisung in Salzwasser kochen, abgießen und etwas Nudelwasser aufbewahren.

2. In einer großen Pfanne den Speck bei mittlerer Hitze knusprig braten, dann den gehackten Knoblauch hinzufügen und kurz anbraten.

3. Eier und geriebenen Parmesan in einer Schüssel verquirlen.

4. Die gekochten Spaghetti in die Pfanne zum Speck geben und gut vermengen.

5. Die Pfanne vom Herd nehmen und die Ei-Käse-Mischung einrühren, dabei schnell rühren, um ein Stocken der Eier zu vermeiden.

6. Mit Salz, Pfeffer und gehackter Petersilie abschmecken.

7. Sofort servieren.

Nährwerte (pro Portion):- Kalorien: 500 kcal- Eiweiß: 22 g- Fett: 22 g- Kohlenhydrate: 55 g

Gebratene Hähnchenbrust mit Zitronen-Kräuter-Butter

Portionen: 4

Kochzeit: 20 Minuten

Zutaten:

- 4 Hähnchenbrustfilets
- 2 EL Olivenöl
- 50 g Butter
- 2 Knoblauchzehen, gehackt
- Saft und Schale einer Zitrone
- 1 TL getrockneter Thymian
- 1 TL getrockneter Rosmarin
- Salz und Pfeffer nach Geschmack
- Frische Kräuter zum Garnieren (z.B. Petersilie)

Zubereitung:

1. Hähnchenbrustfilets mit Salz und Pfeffer würzen.
2. Olivenöl in einer Pfanne bei mittlerer Hitze erhitzen und die Hähnchenbrustfilets etwa 6-8 Minuten pro Seite braten, bis sie durchgegart sind.
3. Butter, gehackten Knoblauch, Zitronensaft, Zitronenschale, Thymian und Rosmarin in die Pfanne geben.
4. Die Hähnchenbrustfilets in der Zitronen-Kräuter-Butter wenden, bis sie gleichmäßig bedeckt sind.
5. Mit frischen Kräutern garnieren und sofort servieren.

Nährwerte (pro Portion):- Kalorien: 350 kcal- Eiweiß: 30 g- Fett: 24 g

- Kohlenhydrate: 2 g

Cremige Avocado-Pasta

Portionen: 4

Kochzeit: 15 Minuten

Zutaten:

- 400 g Spaghetti oder Linguine
- 2 reife Avocados
- 1 Knoblauchzehe
- 50 g geriebener Parmesan
- 2 EL Zitronensaft
- 3 EL Olivenöl
- Salz und Pfeffer nach Geschmack
- Frische Basilikumblätter

Zubereitung:

1. Spaghetti oder Linguine nach Packungsanweisung in Salzwasser kochen, abgießen und etwas Nudelwasser aufbewahren.

2. Avocados, Knoblauch, Parmesan, Zitronensaft und Olivenöl in einen Mixer geben und zu einer glatten Sauce pürieren.

3. Mit Salz und Pfeffer abschmecken.

4. Die Sauce mit den heißen Nudeln vermengen, dabei nach Bedarf etwas Nudelwasser hinzufügen, um die gewünschte Konsistenz zu erreichen.

5. Mit frischen Basilikumblättern garnieren und sofort servieren.

Nährwerte (pro Portion):- Kalorien: 450 kcal- Eiweiß: 12 g- Fett: 24 g- Kohlenhydrate: 50 g

Teriyaki-Lachs mit Sesam und Frühlingszwiebeln

Portionen: 4

Kochzeit: 20 Minuten

Zutaten:

- 4 Lachsfilets
- 100 ml Teriyaki-Sauce
- 2 EL Honig
- 2 EL Sesamöl
- 2 EL Sojasauce
- 2 Knoblauchzehen, gehackt
- 1 EL geriebener Ingwer
- 2 EL Sesamsamen, geröstet
- 2 Frühlingszwiebeln, in Ringe geschnitten

Zubereitung:

1. Teriyaki-Sauce, Honig, Sesamöl, Sojasauce, gehackten Knoblauch und geriebenen Ingwer in einer Schüssel vermischen.
2. Lachsfilets in die Marinade legen und mindestens 10 Minuten ziehen lassen.
3. Eine Pfanne erhitzen und die Lachsfilets auf jeder Seite 3-4 Minuten braten, bis sie gar sind.
4. Lachsfilets auf Teller legen und mit Sesamsamen und Frühlingszwiebeln bestreuen.
5. Mit Reis oder Gemüse servieren.

Nährwerte (pro Portion):- Kalorien: 400 kcal- Eiweiß: 30 g- Fett: 20 g- Kohlenhydrate: 20 g

Vegetarische Tacos mit schwarzen Bohnen

Portionen: 4

Kochzeit: 20 Minuten

Zutaten:

- 8 kleine Tortillas
- 1 Dose schwarze Bohnen (400 g), abgetropft und gespült
- 1 rote Paprika, gewürfelt
- 1 rote Zwiebel, gewürfelt
- 2 Knoblauchzehen, gehackt
- 1 TL Kreuzkümmel
- 1 TL Paprikapulver
- 1 Avocado, in Scheiben
- 100 g Kirschtomaten, halbiert
- 100 g geriebener Käse (optional)
- 2 EL Olivenöl
- Salz und Pfeffer nach Geschmack
- Frischer Koriander, gehackt
- Limettenspalten zum Servieren

Zubereitung:

1. Olivenöl in einer Pfanne erhitzen und Zwiebel, Paprika und Knoblauch darin anbraten, bis sie weich sind.

2. Schwarze Bohnen, Kreuzkümmel, Paprikapulver, Salz und Pfeffer hinzufügen und gut vermischen. Für weitere 5 Minuten kochen lassen.

3. Tortillas in einer trockenen Pfanne erwärmen.

4. Die Bohnenmischung auf die Tortillas verteilen.

5. Mit Avocadoscheiben, Kirschtomaten, geriebenem Käse und frischem Koriander garnieren.

6. Mit Limettenspalten servieren und sofort genießen.

Nährwerte (pro Portion):- Kalorien: 350 kcal- Eiweiß: 12 g- Fett: 18 g- Kohlenhydrate: 38 g

Hähnchen-Gemüse-Blech

Portionen: 4

Kochzeit: 40 Minuten

Zutaten:

- 4 Hähnchenbrustfilets
- 2 Paprika, in Streifen
- 1 Zucchini, in Scheiben
- 1 rote Zwiebel, in Spalten
- 200 g Kirschtomaten
- 2 EL Olivenöl
- 1 TL Paprikapulver
- 1 TL getrockneter Oregano
- Salz und Pfeffer nach Geschmack
- Frische Petersilie, gehackt (optional)

Zubereitung:

1. Ofen auf 200°C vorheizen.

2. Hähnchenbrustfilets, Paprika, Zucchini, rote Zwiebel und Kirschtomaten auf einem großen Backblech verteilen.

3. Olivenöl, Paprikapulver, Oregano, Salz und Pfeffer in einer kleinen Schüssel vermischen und über das Hähnchen und das Gemüse träufeln.

4. Alles gut vermengen, sodass Hähnchen und Gemüse gleichmäßig mit der Gewürzmischung bedeckt sind.

5. Im vorgeheizten Ofen etwa 30-35 Minuten backen, bis das Hähnchen durchgegart und das Gemüse weich ist.

6. Mit gehackter Petersilie bestreuen und sofort servieren.

Nährwerte (pro Portion):

- Kalorien: 350 kcal
- Eiweiß: 30 g
- Fett: 15 g
- Kohlenhydrate: 15 g

Pasta mit Pesto und Kirschtomaten

Portionen: 4

Kochzeit: 15 Minuten

Zutaten:

- 400 g Penne oder andere kurze Nudeln
- 200 g Kirschtomaten, halbiert
- 100 g Basilikum-Pesto (selbstgemacht oder gekauft)
- 50 g geriebener Parmesan
- 2 EL Olivenöl
- Salz und Pfeffer nach Geschmack
- Frische Basilikumblätter zum Garnieren

Zubereitung:

1. Nudeln nach Packungsanweisung in Salzwasser kochen, abgießen und etwas Nudelwasser aufbewahren.

2. Olivenöl in einer großen Pfanne erhitzen und die Kirschtomaten darin etwa 2-3 Minuten anbraten, bis sie leicht weich sind.

3. Gekochte Nudeln und Pesto zu den Kirschtomaten in die Pfanne geben und gut vermengen. Bei Bedarf etwas Nudelwasser hinzufügen, um die gewünschte Konsistenz zu erreichen.

4. Mit Salz und Pfeffer abschmecken.

5. Mit geriebenem Parmesan und frischen Basilikumblättern bestreuen und sofort servieren.

Nährwerte (pro Portion):- Kalorien: 450 kcal- Eiweiß: 12 g- Fett: 20 g- Kohlenhydrate: 50 g

Schnelle Ramen-Nudelsuppe

Portionen: 4

Kochzeit: 20 Minuten

Zutaten:

- 4 Päckchen Ramen-Nudeln (ohne Gewürzpackungen)
- 1 Liter Hühner- oder Gemüsebrühe
- 200 g Hähnchenbrust, in dünne Streifen geschnitten
- 1 Karotte, in dünne Streifen geschnitten
- 1 rote Paprika, in Streifen geschnitten
- 100 g Shiitake-Pilze, in Scheiben
- 2 Knoblauchzehen, gehackt
- 1 Stück Ingwer (ca. 2 cm), gerieben
- 2 EL Sojasauce
- 1 EL Sesamöl
- 2 Frühlingszwiebeln, in Ringe geschnitten
- 2 EL gehackter frischer Koriander (optional)
- 1 TL Sesamsamen, geröstet

Zubereitung:

1. Sesamöl in einem großen Topf erhitzen. Knoblauch und Ingwer darin kurz anbraten, bis sie duften.

2. Hühner- oder Gemüsebrühe hinzufügen und zum Kochen bringen.

3. Hähnchenstreifen, Karotten, Paprika und Shiitake-Pilze in die Brühe geben und etwa 5-7 Minuten köcheln lassen, bis das Gemüse weich und das Hähnchen durchgegart ist.

4. Ramen-Nudeln hinzufügen und nach Packungsanweisung garen.

5. Sojasauce einrühren und die Suppe mit Salz und Pfeffer abschmecken.

6. In Schüsseln füllen und mit Frühlingszwiebeln, frischem Koriander und gerösteten Sesamsamen bestreuen.

7. Sofort servieren.

Nährwerte (pro Portion):- Kalorien: 300 kcal- Eiweiß: 15 g- Fett: 10 g- Kohlenhydrate: 35 g

Linsen-Dhal mit Kokosmilch

Portionen: 4

Kochzeit: 30 Minuten

Zutaten:

- 200 g rote Linsen
- 1 Dose Kokosmilch (400 ml)
- 1 Zwiebel, fein gehackt
- 2 Knoblauchzehen, gehackt
- 1 Stück Ingwer (ca. 2 cm), gerieben
- 1 TL Kurkuma
- 1 TL Kreuzkümmel
- 1 TL Korianderpulver
- 1 TL Garam Masala
- 1 Dose gehackte Tomaten (400 g)
- 2 EL Pflanzenöl
- Salz und Pfeffer nach Geschmack
- Frischer Koriander zum Garnieren

Zubereitung:

1. Pflanzenöl in einem großen Topf erhitzen. Zwiebel, Knoblauch und Ingwer darin anbraten, bis sie weich sind.

2. Kurkuma, Kreuzkümmel, Korianderpulver und Garam Masala hinzufügen und kurz mit anrösten.

3. Rote Linsen, gehackte Tomaten und Kokosmilch hinzufügen. Gut umrühren und zum Kochen bringen.

4. Hitze reduzieren und etwa 20 Minuten köcheln lassen, bis die Linsen weich sind. Bei Bedarf etwas Wasser hinzufügen.

5. Mit Salz und Pfeffer abschmecken.

6. Mit frischem Koriander garnieren und sofort servieren.

Nährwerte (pro Portion):

- Kalorien: 350 kcal

- Eiweiß: 12 g

- Fett: 18 g

- Kohlenhydrate: 35 g

Gebratene Reisnudeln mit Tofu

Portionen: 4

Kochzeit: 20 Minuten

Zutaten:

- 200 g Reisnudeln
- 200 g fester Tofu, gewürfelt
- 1 rote Paprika, in Streifen
- 1 Karotte, in Streifen
- 1 Handvoll Zuckerschoten
- 2 Frühlingszwiebeln, in Ringe
- 2 Knoblauchzehen, gehackt
- 1 Stück Ingwer (ca. 2 cm), gerieben
- 2 EL Sojasauce
- 1 EL Sesamöl
- 2 EL Pflanzenöl
- 1 EL Sesamsamen, geröstet
- 1 Handvoll frischer Koriander, gehackt (optional)

Zubereitung:

1. Reisnudeln nach Packungsanweisung kochen, abgießen und beiseite stellen.
2. Pflanzenöl in einer großen Pfanne oder einem Wok erhitzen. Tofuwürfel darin goldbraun anbraten, herausnehmen und beiseite stellen.
3. Knoblauch und Ingwer im restlichen Öl anbraten, bis sie duften.
4. Paprika, Karotte und Zuckerschoten hinzufügen und 5 Minuten anbraten.
5. Reisnudeln und Tofu zurück in die Pfanne geben. Mit Sojasauce und Sesamöl beträufeln und gut vermengen.
6. Mit Sesamsamen und frischem Koriander bestreuen und sofort servieren.

Nährwerte (pro Portion):- Kalorien: 350 kcal- Eiweiß: 12 g- Fett: 15 g- Kohlenhydrate: 40 g

Schnelle Gnocchi mit Spinat und Gorgonzola

Portionen: 4

Kochzeit: 15 Minuten

Zutaten:

- 500 g Gnocchi
- 200 g frischer Spinat
- 150 g Gorgonzola, gewürfelt
- 1 Zwiebel, fein gehackt
- 2 Knoblauchzehen, gehackt
- 200 ml Sahne
- 2 EL Olivenöl
- Salz und Pfeffer nach Geschmack
- Frischer Parmesan zum Bestreuen (optional)

Zubereitung:

1. Gnocchi nach Packungsanweisung kochen, abgießen und beiseite stellen.
2. Olivenöl in einer großen Pfanne erhitzen. Zwiebel und Knoblauch darin anbraten, bis sie weich sind.
3. Gorgonzola und Sahne hinzufügen und bei schwacher Hitze schmelzen lassen, bis eine cremige Sauce entsteht.
4. Spinat hinzufügen und kurz mitkochen, bis er zusammenfällt.
5. Gnocchi in die Pfanne geben und gut vermengen. Mit Salz und Pfeffer abschmecken.
6. Mit frischem Parmesan bestreuen und sofort servieren.

Nährwerte (pro Portion):- Kalorien: 450 kcal- Eiweiß: 12 g- Fett: 25 g- Kohlenhydrate: 45 g

Chinesisches Süß-Sauer-Hähnchen

Portionen: 4

Kochzeit: 30 Minuten

Zutaten:

- 500 g Hähnchenbrustfilets, gewürfelt
- 1 rote Paprika, in Streifen
- 1 grüne Paprika, in Streifen
- 1 Karotte, in Scheiben
- 1 Zwiebel, in Streifen
- 1 Dose Ananasstücke (400 g), abgetropft
- 2 Knoblauchzehen, gehackt
- 1 Stück Ingwer (ca. 2 cm), gerieben
- 3 EL Sojasauce
- 3 EL Reisessig
- 3 EL Ketchup
- 2 EL Zucker
- 1 EL Maisstärke, in 2 EL Wasser aufgelöst
- 2 EL Pflanzenöl
- Salz und Pfeffer nach Geschmack
- Frischer Koriander zum Garnieren (optional)

Zubereitung:

1. Pflanzenöl in einer großen Pfanne oder einem Wok erhitzen. Hähnchenwürfel darin goldbraun anbraten, herausnehmen und beiseite stellen.

2. Knoblauch und Ingwer im restlichen Öl anbraten, bis sie duften.

3. Paprika, Karotte und Zwiebel hinzufügen und 5 Minuten anbraten.

4. Hähnchen und Ananasstücke zurück in die Pfanne geben.

5. Sojasauce, Reisessig, Ketchup und Zucker hinzufügen und gut vermengen.

6. Maisstärke-Wasser-Mischung hinzufügen und die Sauce unter Rühren eindicken lassen.

7. Mit Salz und Pfeffer abschmecken und mit frischem Koriander bestreuen.

8. Sofort servieren.

Nährwerte (pro Portion):

- Kalorien: 400 kcal

- Eiweiß: 28 g

- Fett: 15 g

- Kohlenhydrate: 35 g

Ofenkartoffeln mit Kräuterquark

Portionen: 4

Kochzeit: 45 Minuten

Zutaten:

- 8 mittelgroße Kartoffeln
- 3 EL Olivenöl
- Salz und Pfeffer nach Geschmack
- 200 g Quark
- 100 g griechischer Joghurt
- 1 Knoblauchzehe, gehackt
- 1 EL Zitronensaft
- 2 EL gehackte frische Kräuter (z.B. Schnittlauch, Petersilie, Dill)
- Salz und Pfeffer nach Geschmack

Zubereitung:

1. Ofen auf 200°C vorheizen.
2. Kartoffeln gründlich waschen und in Spalten schneiden. Mit Olivenöl, Salz und Pfeffer vermengen.
3. Kartoffelspalten auf einem Backblech verteilen und etwa 35-40 Minuten backen, bis sie goldbraun und knusprig sind.
4. In der Zwischenzeit Quark, griechischen Joghurt, Knoblauch, Zitronensaft und gehackte Kräuter in einer Schüssel gut vermischen. Mit Salz und Pfeffer abschmecken.
5. Ofenkartoffeln mit Kräuterquark servieren und sofort genießen.

Nährwerte (pro Portion):- Kalorien: 300 kcal- Eiweiß: 8 g- Fett: 12 g- Kohlenhydrate: 40 g

Mediterraner Couscous mit Gemüse und Feta

Portionen: 4

Kochzeit: 20 Minuten

Zutaten:

- 200 g Couscous
- 250 ml Gemüsebrühe
- 1 Zucchini, gewürfelt
- 1 rote Paprika, gewürfelt
- 1 gelbe Paprika, gewürfelt
- 1 rote Zwiebel, fein gehackt
- 100 g Kirschtomaten, halbiert
- 150 g Feta-Käse, zerbröselt
- 2 EL Olivenöl
- Saft einer Zitrone
- Salz und Pfeffer nach Geschmack
- 1 Handvoll frische Petersilie, gehackt

Zubereitung:

1. Couscous in eine große Schüssel geben und mit heißer Gemüsebrühe übergießen. Abdecken und 5 Minuten quellen lassen, dann mit einer Gabel auflockern.

2. In der Zwischenzeit Olivenöl in einer Pfanne erhitzen und Zucchini, Paprika und Zwiebel darin anbraten, bis das Gemüse weich ist.

3. Gebratenes Gemüse, Kirschtomaten und Feta zum Couscous geben und gut vermengen.

4. Mit Zitronensaft, Salz und Pfeffer abschmecken.

5. Mit gehackter Petersilie bestreuen und sofort servieren.

Nährwerte (pro Portion):- Kalorien: 350 kcal- Eiweiß: 10 g- Fett: 18 g- Kohlenhydrate: 35 g

Spinat-Ricotta-Lasagne

Portionen: 6

Kochzeit: 50 Minuten

Zutaten:

- 12 Lasagneblätter
- 500 g Ricotta
- 200 g geriebener Mozzarella
- 200 g geriebener Parmesan
- 300 g frischer Spinat
- 2 Knoblauchzehen, gehackt
- 1 Zwiebel, fein gehackt
- 800 g passierte Tomaten
- 2 EL Olivenöl
- Salz und Pfeffer nach Geschmack
- 1 TL getrockneter Oregano
- 1 TL getrocknetes Basilikum

Zubereitung:

1. Ofen auf 180°C vorheizen.

2. Olivenöl in einer Pfanne erhitzen. Zwiebel und Knoblauch darin anbraten, bis sie weich sind.

3. Passierte Tomaten, Oregano, Basilikum, Salz und Pfeffer hinzufügen und 10 Minuten köcheln lassen.

4. In einer anderen Pfanne den Spinat kurz zusammenfallen lassen und gut abtropfen.

5. Ricotta, 100 g Parmesan, Salz und Pfeffer in einer Schüssel vermengen.

6. Eine Lasagneform mit etwas Tomatensauce ausstreichen, dann eine Schicht Lasagneblätter darauflegen. Mit Ricottamischung, Spinat und Tomatensauce belegen. Diesen Vorgang wiederholen, bis alle Zutaten aufgebraucht sind.

7. Mit Mozzarella und dem restlichen Parmesan bestreuen.

8. Lasagne für 30-35 Minuten backen, bis sie goldbraun und blubbernd ist.

9. Etwas abkühlen lassen und servieren.

Nährwerte (pro Portion):

- Kalorien: 400 kcal

- Eiweiß: 20 g

- Fett: 22 g

- Kohlenhydrate: 30 g

Blumenkohl-Pizza

Portionen: 4

Kochzeit: 40 Minuten

Zutaten:

- 1 großer Blumenkohlkopf, in Röschen zerteilt
- 2 Eier
- 100 g geriebener Mozzarella
- 50 g geriebener Parmesan
- 1 TL getrockneter Oregano
- 1 TL getrocknetes Basilikum
- Salz und Pfeffer nach Geschmack
- 200 g passierte Tomaten
- Beläge nach Wahl (z.B. Paprika, Pilze, Zwiebeln, Oliven)

Zubereitung:

1. Ofen auf 200°C vorheizen. Blumenkohlröschen in einer Küchenmaschine zu feinen Krümeln verarbeiten.
2. Blumenkohlkrümel in der Mikrowelle für 5-8 Minuten garen, abkühlen lassen und dann so viel Flüssigkeit wie möglich ausdrücken.
3. Blumenkohl mit Eiern, Mozzarella, Parmesan, Oregano, Basilikum, Salz und Pfeffer in einer Schüssel gut vermengen.
4. Die Masse auf einem mit Backpapier ausgelegten Backblech zu einem Pizzaboden formen und etwa 20 Minuten backen, bis er goldbraun ist.
5. Den Boden mit passierten Tomaten bestreichen und nach Belieben belegen.
6. Weitere 10 Minuten backen, bis der Käse geschmolzen und leicht gebräunt ist.
7. Sofort servieren.

Nährwerte (pro Portion): Kalorien: 250 kcal- Eiweiß: 15 g- Fett: 15 g- Kohlenhydrate: 15 g

Grillgemüse mit Halloumi

Portionen: 4

Kochzeit: 25 Minuten

Zutaten:

- 2 rote Paprika, in Streifen
- 2 gelbe Paprika, in Streifen
- 1 Zucchini, in Scheiben
- 1 Aubergine, in Scheiben
- 200 g Halloumi, in Scheiben
- 2 EL Olivenöl
- 1 TL getrockneter Thymian
- Salz und Pfeffer nach Geschmack
- 1 Zitrone, in Scheiben
- 1 Handvoll frische Petersilie, gehackt

Zubereitung:

1. Grill oder Grillpfanne vorheizen.

2. Paprika, Zucchini und Aubergine in einer Schüssel mit Olivenöl, Thymian, Salz und Pfeffer vermengen.

3. Gemüse auf dem Grill oder in der Grillpfanne etwa 5-7 Minuten grillen, bis es weich und leicht gebräunt ist.

4. Halloumi auf jeder Seite etwa 2-3 Minuten grillen, bis er goldbraun ist.

5. Gegrilltes Gemüse und Halloumi auf einer Servierplatte anrichten, mit Zitronenscheiben garnieren und mit gehackter Petersilie bestreuen.

6. Sofort servieren.

Nährwerte (pro Portion):- Kalorien: 300 kcal- Eiweiß: 15 g- Fett: 20 g- Kohlenhydrate: 10 g

Quiche mit Lauch und Speck

Portionen: 6

Kochzeit: 50 Minuten

Zutaten:

- 1 Rolle Blätterteig
- 200 g Speck, gewürfelt
- 2 Lauchstangen, in Ringe geschnitten
- 3 Eier
- 200 ml Sahne
- 100 g geriebener Käse (z.B. Gruyère)
- Salz und Pfeffer nach Geschmack
- 1 TL Muskatnuss

Zubereitung:

1. Ofen auf 180°C vorheizen.

2. Blätterteig in eine Quiche- oder Tarteform legen und den Boden mehrmals mit einer Gabel einstechen.

3. Speck in einer Pfanne knusprig braten, dann den Lauch hinzufügen und etwa 5 Minuten mitbraten, bis er weich ist.

4. In einer Schüssel Eier, Sahne, geriebenen Käse, Salz, Pfeffer und Muskatnuss verquirlen.

5. Speck und Lauch auf dem Teigboden verteilen, dann die Eiermischung darüber gießen.

6. Quiche im vorgeheizten Ofen etwa 35-40 Minuten backen, bis sie goldbraun und fest ist.

7. Etwas abkühlen lassen und servieren.

Nährwerte (pro Portion):- Kalorien: 400 kcal- Eiweiß: 15 g- Fett: 30 g- Kohlenhydrate: 20 g

Thunfischsteak mit Avocado-Salsa

Portionen: 4

Kochzeit: 20 Minuten

Zutaten:

- 4 Thunfischsteaks
- 2 EL Olivenöl
- Saft einer Limette
- Salz und Pfeffer nach Geschmack
- 2 Avocados, gewürfelt
- 1 Tomate, gewürfelt
- 1 kleine rote Zwiebel, fein gehackt
- 1 Jalapeño, entkernt und fein gehackt (optional)
- 1 Handvoll frischer Koriander, gehackt

Zubereitung:

1. Thunfischsteaks mit Olivenöl, Limettensaft, Salz und Pfeffer marinieren.

2. Eine Grillpfanne erhitzen und die Thunfischsteaks auf jeder Seite 2-3 Minuten grillen, bis sie die gewünschte Garstufe erreicht haben.

3. In einer Schüssel Avocado, Tomate, rote Zwiebel, Jalapeño und Koriander vermengen. Mit Salz und Pfeffer abschmecken.

4. Thunfischsteaks mit der Avocado-Salsa servieren und sofort genießen.

Nährwerte (pro Portion):- Kalorien: 350 kcal- Eiweiß: 30 g- Fett: 20 g- Kohlenhydrate: 10 g

Fajitas mit Hähnchen und Paprika

Portionen: 4

Kochzeit: 25 Minuten

Zutaten:

- 500 g Hähnchenbrustfilets, in Streifen geschnitten
- 1 rote Paprika, in Streifen
- 1 grüne Paprika, in Streifen
- 1 gelbe Paprika, in Streifen
- 1 große Zwiebel, in Streifen
- 2 EL Olivenöl
- 1 TL Paprikapulver
- 1 TL Kreuzkümmel
- 1 TL Knoblauchpulver
- 1 TL Oregano
- Salz und Pfeffer nach Geschmack
- 8 Weizentortillas
- Optional: Salsa, Guacamole, saure Sahne, geriebener Käse

Zubereitung:

1. Olivenöl in einer großen Pfanne erhitzen. Hähnchenstreifen hinzufügen und mit Paprikapulver, Kreuzkümmel, Knoblauchpulver, Oregano, Salz und Pfeffer würzen. Etwa 5-7 Minuten anbraten, bis das Hähnchen gar ist. Aus der Pfanne nehmen und warm halten.

2. In derselben Pfanne Zwiebeln und Paprika etwa 5-7 Minuten anbraten, bis sie weich sind.

3. Hähnchen zurück in die Pfanne geben und alles gut vermengen.

4. Weizentortillas in einer trockenen Pfanne oder Mikrowelle erwärmen.

5. Hähnchen-Paprika-Mischung auf die Tortillas verteilen und nach Belieben mit Salsa, Guacamole, saurer Sahne und geriebenem Käse servieren.

Nährwerte (pro Portion):- Kalorien: 400 kcal- Eiweiß: 30 g- Fett: 15 g- Kohlenhydrate: 35 g

Chili sin Carne

Portionen: 4

Kochzeit: 30 Minuten

Zutaten:

- 1 Zwiebel, gehackt
- 2 Knoblauchzehen, gehackt
- 1 rote Paprika, gewürfelt
- 1 gelbe Paprika, gewürfelt
- 2 Karotten, gewürfelt
- 1 Dose schwarze Bohnen (400 g), abgetropft und gespült
- 1 Dose Kidneybohnen (400 g), abgetropft und gespült
- 1 Dose Mais (400 g), abgetropft
- 2 Dosen gehackte Tomaten (je 400 g)
- 2 EL Tomatenmark
- 1 TL Kreuzkümmel
- 1 TL Paprikapulver
- 1 TL Oregano
- Salz und Pfeffer nach Geschmack
- 2 EL Olivenöl
- Optional: frischer Koriander, saure Sahne, geriebener Käse

Zubereitung:

1. Olivenöl in einem großen Topf erhitzen. Zwiebel und Knoblauch darin anbraten, bis sie weich sind.

2. Paprika und Karotten hinzufügen und etwa 5 Minuten mitbraten.

3. Tomatenmark, Kreuzkümmel, Paprikapulver und Oregano hinzufügen und kurz anrösten.

4. Bohnen, Mais und gehackte Tomaten hinzufügen. Gut umrühren und zum Kochen bringen.

5. Hitze reduzieren und etwa 20 Minuten köcheln lassen, bis das Gemüse weich ist. Mit Salz und Pfeffer abschmecken.

6. Mit frischem Koriander, saurer Sahne und geriebenem Käse servieren.

Nährwerte (pro Portion):

- Kalorien: 350 kcal

- Eiweiß: 15 g

- Fett: 10 g

- Kohlenhydrate: 50 g

Gebratener Lachs mit Avocado-Mango-Salat

Portionen: 4

Kochzeit: 20 Minuten

Zutaten:

- 4 Lachsfilets
- 2 EL Olivenöl
- Saft einer Limette
- Salz und Pfeffer nach Geschmack
- 2 Avocados, gewürfelt
- 1 Mango, gewürfelt
- 1 kleine rote Zwiebel, fein gehackt
- 1 Handvoll Koriander, gehackt
- 1 Jalapeño, entkernt und fein gehackt (optional)

Zubereitung:

1. Lachsfilets mit Olivenöl, Limettensaft, Salz und Pfeffer marinieren.
2. Eine Grillpfanne erhitzen und die Lachsfilets auf jeder Seite 2-3 Minuten grillen, bis sie die gewünschte Garstufe erreicht haben.
3. In einer Schüssel Avocado, Mango, rote Zwiebel, Koriander und Jalapeño vermengen. Mit Salz und Pfeffer abschmecken.
4. Lachsfilets mit dem Avocado-Mango-Salat servieren und sofort genießen.

Nährwerte (pro Portion):- Kalorien: 400 kcal- Eiweiß: 30 g- Fett: 25 g- Kohlenhydrate: 15 g

Vegetarisches Pad Thai

Portionen: 4

Kochzeit: 30 Minuten

Zutaten:

- 200 g Reisnudeln
- 2 Karotten, in Streifen geschnitten
- 1 rote Paprika, in Streifen geschnitten
- 100 g Zuckerschoten
- 2 Frühlingszwiebeln, in Ringe geschnitten
- 2 Knoblauchzehen, gehackt
- 1 Stück Ingwer (ca. 2 cm), gerieben
- 2 Eier, verquirlt
- 3 EL Sojasauce
- 2 EL Fischsauce (optional)
- 2 EL Limettensaft
- 2 EL brauner Zucker
- 1 EL Pflanzenöl
- 50 g gehackte Erdnüsse
- 1 Handvoll Koriander, gehackt
- Limettenspalten zum Servieren

Zubereitung:

1. Reisnudeln nach Packungsanweisung kochen, abgießen und beiseite stellen.

2. Öl in einer großen Pfanne oder einem Wok erhitzen. Knoblauch und Ingwer darin kurz anbraten.

3. Karotten, Paprika und Zuckerschoten hinzufügen und etwa 5 Minuten anbraten.

4. Verquirlte Eier in die Pfanne geben und unter Rühren stocken lassen.

5. Gekochte Reisnudeln, Sojasauce, Fischsauce, Limettensaft und braunen Zucker hinzufügen und gut vermengen.

6. Frühlingszwiebeln und die Hälfte der gehackten Erdnüsse unterrühren.

7. Mit restlichen Erdnüssen und Koriander bestreuen und mit Limettenspalten servieren.

Nährwerte (pro Portion):

- Kalorien: 350 kcal

- Eiweiß: 12 g

- Fett: 15 g

- Kohlenhydrate: 45 g

Puten-Mango-Curry

Portionen: 4

Kochzeit: 30 Minuten

Zutaten:

- 500 g Putenbrust, in Streifen geschnitten
- 1 große Zwiebel, gehackt
- 2 Knoblauchzehen, gehackt
- 1 Stück Ingwer (ca. 2 cm), gerieben
- 1 rote Paprika, in Streifen geschnitten
- 1 Mango, geschält und gewürfelt
- 400 ml Kokosmilch
- 2 EL Currypulver
- 1 TL Kurkuma
- 2 EL Pflanzenöl
- Salz und Pfeffer nach Geschmack
- Frischer Koriander zum Garnieren

Zubereitung:

1. Öl in einem großen Topf erhitzen. Zwiebel, Knoblauch und Ingwer darin anbraten, bis sie weich sind.

2. Putenstreifen hinzufügen und etwa 5-7 Minuten anbraten, bis sie gar sind.

3. Currypulver und Kurkuma hinzufügen und kurz mit anrösten.

4. Paprika und Mango hinzufügen und gut vermengen.

5. Kokosmilch hinzufügen, zum Kochen bringen und etwa 10-15 Minuten köcheln lassen, bis die Sauce eingedickt ist.

6. Mit Salz und Pfeffer abschmecken.

7. Mit frischem Koriander bestreuen und sofort servieren.

Nährwerte (pro Portion):- Kalorien: 400 kcal- Eiweiß: 30 g- Fett: 20 g- Kohlenhydrate: 25 g

Ratatouille aus dem Ofen

Portionen: 4

Kochzeit: 50 Minuten

Zutaten:

- 1 große Aubergine, in Würfel geschnitten
- 2 Zucchini, in Scheiben geschnitten
- 1 rote Paprika, in Streifen geschnitten
- 1 gelbe Paprika, in Streifen geschnitten
- 1 große Zwiebel, gehackt
- 3 Knoblauchzehen, gehackt
- 4 Tomaten, in Scheiben geschnitten
- 3 EL Olivenöl
- 1 TL getrockneter Thymian
- 1 TL getrockneter Oregano
- Salz und Pfeffer nach Geschmack
- Frische Basilikumblätter zum Garnieren

Zubereitung:

1. Ofen auf 200°C vorheizen.

2. Aubergine, Zucchini, Paprika, Zwiebel und Knoblauch in einer großen Schüssel mit 2 EL Olivenöl, Thymian, Oregano, Salz und Pfeffer vermengen.

3. Das Gemüse auf einem großen Backblech oder in einer ofenfesten Form verteilen.

4. Tomatenscheiben gleichmäßig über das Gemüse legen und mit dem restlichen Olivenöl beträufeln.

5. Im vorgeheizten Ofen etwa 40 Minuten backen, bis das Gemüse weich und leicht gebräunt ist.

6. Mit frischen Basilikumblättern garnieren und sofort servieren.

Nährwerte (pro Portion):- Kalorien: 200 kcal- Eiweiß: 5 g- Fett: 14 g- Kohlenhydrate: 18 g

Penne all'Arrabbiata

Portionen: 4

Kochzeit: 20 Minuten

Zutaten:

- 400 g Penne
- 2 EL Olivenöl
- 3 Knoblauchzehen, gehackt
- 1 TL Chiliflocken (mehr oder weniger nach Geschmack)
- 1 Dose gehackte Tomaten (400 g)
- Salz und Pfeffer nach Geschmack
- 1 Handvoll frische Petersilie, gehackt
- 50 g geriebener Parmesan

Zubereitung:

1. Penne nach Packungsanweisung in Salzwasser kochen, abgießen und etwas Nudelwasser aufbewahren.
2. Olivenöl in einer großen Pfanne erhitzen. Knoblauch und Chiliflocken darin anbraten, bis sie duften.
3. Gehackte Tomaten hinzufügen und etwa 10 Minuten köcheln lassen, bis die Sauce etwas eingedickt ist.
4. Mit Salz und Pfeffer abschmecken.
5. Gekochte Penne in die Pfanne geben und gut mit der Sauce vermengen. Bei Bedarf etwas Nudelwasser hinzufügen.
6. Mit gehackter Petersilie und geriebenem Parmesan bestreuen und sofort servieren.

Nährwerte (pro Portion):- Kalorien: 350 kcal- Eiweiß: 10 g- Fett: 12 g- Kohlenhydrate: 50 g

Tofu-Gemüse-Curry

Portionen: 4

Kochzeit: 30 Minuten

Zutaten:

- 400 g fester Tofu, gewürfelt
- 2 EL Pflanzenöl
- 1 Zwiebel, gehackt
- 2 Knoblauchzehen, gehackt
- 1 Stück Ingwer (ca. 2 cm), gerieben
- 1 rote Paprika, in Streifen geschnitten
- 1 gelbe Paprika, in Streifen geschnitten
- 2 Karotten, in Scheiben geschnitten
- 200 g grüne Bohnen, in Stücke geschnitten
- 400 ml Kokosmilch
- 2 EL Currypaste (rot oder gelb)
- 1 EL Sojasauce
- Saft einer Limette
- Frischer Koriander zum Garnieren

Zubereitung:

1. Pflanzenöl in einer großen Pfanne erhitzen. Tofuwürfel darin goldbraun anbraten, herausnehmen und beiseite stellen.
2. Zwiebel, Knoblauch und Ingwer im restlichen Öl anbraten, bis sie weich sind.
3. Paprika, Karotten und grüne Bohnen hinzufügen und etwa 5 Minuten mitbraten.
4. Currypaste hinzufügen und kurz mit anrösten.

5. Kokosmilch und Sojasauce hinzufügen und zum Kochen bringen. Hitze reduzieren und etwa 10 Minuten köcheln lassen, bis das Gemüse weich ist.

6. Tofu zurück in die Pfanne geben und gut vermengen. Mit Limettensaft abschmecken.

7. Mit frischem Koriander garnieren und sofort servieren.

Nährwerte (pro Portion):

- Kalorien: 350 kcal
- Eiweiß: 15 g
- Fett: 22 g
- Kohlenhydrate: 25 g

Tomaten-Mozzarella-Tarte

Portionen: 4

Kochzeit: 30 Minuten

Zutaten:

- 1 Rolle Blätterteig
- 200 g Kirschtomaten, halbiert
- 200 g Mozzarella, in Scheiben
- 2 EL Pesto
- 1 Ei, verquirlt
- Salz und Pfeffer nach Geschmack
- Frische Basilikumblätter zum Garnieren

Zubereitung:

1. Ofen auf 200°C vorheizen.
2. Blätterteig auf einem Backblech ausrollen und den Rand leicht umklappen, um einen Rand zu formen.
3. Den Teigboden mehrmals mit einer Gabel einstechen.
4. Pesto gleichmäßig auf dem Teigboden verteilen.
5. Kirschtomaten und Mozzarella auf dem Pesto anordnen.
6. Den Rand des Blätterteigs mit verquirltem Ei bestreichen.
7. Mit Salz und Pfeffer abschmecken.
8. Im vorgeheizten Ofen etwa 20-25 Minuten backen, bis der Blätterteig goldbraun ist.
9. Mit frischen Basilikumblättern garnieren und sofort servieren.

Nährwerte (pro Portion):- Kalorien: 350 kcal- Eiweiß: 12 g- Fett: 24 g- Kohlenhydrate: 20 g

Garnelen-Scampi mit Knoblauch und alkoholfreier Weißwein

Portionen: 4

Kochzeit: 20 Minuten

Zutaten:

- 500 g Garnelen, geschält und entdarmt
- 4 Knoblauchzehen, gehackt
- 1 Zitrone, Saft und Schale
- 100 ml alkoholfreier Weißwein
- 3 EL Olivenöl
- 2 EL Butter
- Salz und Pfeffer nach Geschmack
- 1 Handvoll frische Petersilie, gehackt

Zubereitung:

1. Olivenöl und Butter in einer großen Pfanne erhitzen. Knoblauch darin kurz anbraten, bis er duftet.
2. Garnelen hinzufügen und etwa 2-3 Minuten pro Seite braten, bis sie rosa und durchgegart sind.
3. Weißwein, Zitronensaft und Zitronenschale hinzufügen und kurz aufkochen lassen.
4. Mit Salz und Pfeffer abschmecken.
5. Mit gehackter Petersilie bestreuen und sofort servieren.

Nährwerte (pro Portion):- Kalorien: 250 kcal- Eiweiß: 25 g- Fett: 15 g- Kohlenhydrate: 5 g

Gefüllte Paprika mit Quinoa

Portionen: 4

Kochzeit: 40 Minuten

Zutaten:

- 4 große Paprika (rot, gelb oder grün), entkernt und oben abgeschnitten
- 200 g Quinoa
- 400 ml Gemüsebrühe
- 1 Dose schwarze Bohnen (400 g), abgetropft und gespült
- 1 Dose Mais (200 g), abgetropft
- 1 rote Zwiebel, fein gehackt
- 2 Knoblauchzehen, gehackt
- 2 EL Olivenöl
- 1 TL Kreuzkümmel
- 1 TL Paprikapulver
- Salz und Pfeffer nach Geschmack
- 100 g geriebener Käse (optional)
- Frische Petersilie, gehackt, zum Garnieren

Zubereitung:

1. Ofen auf 180°C vorheizen.
2. Quinoa in Gemüsebrühe nach Packungsanweisung kochen.
3. In einer Pfanne Olivenöl erhitzen und Zwiebel und Knoblauch darin anbraten, bis sie weich sind.
4. Gekochte Quinoa, schwarze Bohnen, Mais, Kreuzkümmel, Paprikapulver, Salz und Pfeffer hinzufügen und gut vermengen.

5. Paprika mit der Quinoa-Mischung füllen und in eine Auflaufform stellen.

6. Mit geriebenem Käse bestreuen, falls gewünscht.

7. Im vorgeheizten Ofen etwa 25-30 Minuten backen, bis die Paprika weich sind.

8. Mit gehackter Petersilie garnieren und sofort servieren.

Nährwerte (pro Portion):- Kalorien: 300 kcal- Eiweiß: 12 g- Fett: 10 g- Kohlenhydrate: 40 g

Lachs-Spinat-Quiche

Portionen: 4

Kochzeit: 50 Minuten

Zutaten:

- 1 Rolle Blätterteig
- 200 g geräucherter Lachs, in Stücke geschnitten
- 200 g frischer Spinat
- 3 Eier
- 200 ml Sahne
- 100 g geriebener Käse (z.B. Gruyère)
- 1 Zwiebel, fein gehackt
- 2 Knoblauchzehen, gehackt
- 2 EL Olivenöl
- Salz und Pfeffer nach Geschmack
- 1 TL Muskatnuss

Zubereitung:

1. Ofen auf 180°C vorheizen.

2. Blätterteig in eine Quiche- oder Tarteform legen und den Boden mehrmals mit einer Gabel einstechen.

3. Olivenöl in einer Pfanne erhitzen. Zwiebel und Knoblauch darin anbraten, bis sie weich sind. Spinat hinzufügen und kurz mitbraten, bis er zusammenfällt.

4. In einer Schüssel Eier, Sahne, geriebenen Käse, Salz, Pfeffer und Muskatnuss verquirlen.

5. Spinat-Zwiebel-Mischung und geräucherten Lachs auf dem Teigboden verteilen, dann die Eiermischung darüber gießen.

6. Quiche im vorgeheizten Ofen etwa 35-40 Minuten backen, bis sie goldbraun und fest ist.

7. Etwas abkühlen lassen und servieren.

Nährwerte (pro Portion):

- Kalorien: 450 kcal
- Eiweiß: 20 g
- Fett: 35 g
- Kohlenhydrate: 20 g

Pesto-Hähnchen mit Zucchini-Nudeln

Portionen: 4

Kochzeit: 25 Minuten

Zutaten:

- 4 Hähnchenbrustfilets
- 2 Zucchini, spiralisiert oder in dünne Streifen geschnitten
- 200 g Kirschtomaten, halbiert
- 4 EL Pesto (selbstgemacht oder gekauft)
- 2 EL Olivenöl
- Salz und Pfeffer nach Geschmack
- Frischer Parmesan zum Bestreuen (optional)

Zubereitung:

1. Olivenöl in einer großen Pfanne erhitzen. Hähnchenbrustfilets mit Salz und Pfeffer würzen und etwa 6-8 Minuten pro Seite braten, bis sie durchgegart sind.
2. Hähnchen aus der Pfanne nehmen und warm halten.
3. Zucchini-Nudeln und Kirschtomaten in derselben Pfanne etwa 2-3 Minuten anbraten, bis die Zucchini weich sind.
4. Pesto hinzufügen und gut vermengen.
5. Hähnchenbrustfilets auf den Zucchini-Nudeln anrichten.
6. Mit frischem Parmesan bestreuen und sofort servieren.

Nährwerte (pro Portion):- Kalorien: 350 kcal- Eiweiß: 30 g- Fett: 20 g- Kohlenhydrate: 10 g

Shakshuka mit Feta

Portionen: 4

Kochzeit: 30 Minuten

Zutaten:

- 1 Zwiebel, fein gehackt
- 2 Knoblauchzehen, gehackt
- 1 rote Paprika, in Streifen geschnitten
- 1 gelbe Paprika, in Streifen geschnitten
- 1 Dose gehackte Tomaten (400 g)
- 1 TL Kreuzkümmel
- 1 TL Paprikapulver
- 1/2 TL Cayennepfeffer (optional)
- Salz und Pfeffer nach Geschmack
- 4 Eier
- 100 g Feta, zerbröselt
- 2 EL Olivenöl
- Frische Petersilie, gehackt, zum Garnieren

Zubereitung:

1. Olivenöl in einer großen Pfanne erhitzen. Zwiebel und Knoblauch darin anbraten, bis sie weich sind.

2. Paprika hinzufügen und etwa 5 Minuten mitbraten.

3. Gehackte Tomaten, Kreuzkümmel, Paprikapulver, Cayennepfeffer, Salz und Pfeffer hinzufügen und gut vermengen. Etwa 10 Minuten köcheln lassen, bis die Sauce etwas eingedickt ist.

4. Mit einem Löffel Vertiefungen in die Sauce machen und die Eier hineinbrechen.

5. Pfanne abdecken und etwa 5-7 Minuten köcheln lassen, bis die Eier den gewünschten Gargrad erreicht haben.

6. Feta über die Shakshuka streuen und mit gehackter Petersilie garnieren.

7. Sofort servieren.

Nährwerte (pro Portion):

- Kalorien: 250 kcal

- Eiweiß: 12 g

- Fett: 18 g

- Kohlenhydrate: 12 g

Schnelle Pizza Margherita

Portionen: 4

Kochzeit: 20 Minuten

Zutaten:

- 1 Pizzateig (selbstgemacht oder gekauft)
- 200 g passierte Tomaten
- 200 g Mozzarella, in Scheiben
- 1 TL getrockneter Oregano
- 1 TL getrocknetes Basilikum
- Salz und Pfeffer nach Geschmack
- 2 EL Olivenöl
- Frische Basilikumblätter zum Garnieren

Zubereitung:

1. Ofen auf 220°C vorheizen.
2. Pizzateig auf einem Backblech oder einer Pizzastein ausrollen.
3. Passierte Tomaten auf dem Teig verteilen und mit getrocknetem Oregano, getrocknetem Basilikum, Salz und Pfeffer würzen.
4. Mozzarella-Scheiben gleichmäßig auf der Pizza verteilen.
5. Mit Olivenöl beträufeln.
6. Pizza im vorgeheizten Ofen etwa 12-15 Minuten backen, bis der Teig knusprig und der Käse geschmolzen und leicht gebräunt ist.
7. Mit frischen Basilikumblättern garnieren und sofort servieren.

Nährwerte (pro Portion):- Kalorien: 300 kcal- Eiweiß: 15 g- Fett: 15 g- Kohlenhydrate: 30 g

Gulasch mit Rindfleisch

Portionen: 4

Kochzeit: 2 Stunden

Zutaten:

- 500 g Rindfleisch (z.B. Schulter oder Wade), in Würfel geschnitten
- 2 Zwiebeln, grob gehackt
- 3 Knoblauchzehen, gehackt
- 2 Paprika, in Streifen geschnitten
- 3 EL Paprikapulver
- 2 EL Tomatenmark
- 1 Dose gehackte Tomaten (400 g)
- 500 ml Rinderbrühe
- 2 EL Pflanzenöl
- 2 TL Kümmel
- Salz und Pfeffer nach Geschmack
- Frische Petersilie, gehackt, zum Garnieren

Zubereitung:

1. Öl in einem großen Topf erhitzen. Rindfleischwürfel darin portionsweise anbraten, bis sie rundum gebräunt sind. Fleisch herausnehmen und beiseite stellen.

2. Zwiebeln und Knoblauch im gleichen Topf anbraten, bis sie weich sind.

3. Paprika, Paprikapulver und Tomatenmark hinzufügen und kurz mit anbraten.

4. Gehackte Tomaten, Rinderbrühe und Kümmel hinzufügen. Das angebratene Rindfleisch zurück in den Topf geben.

5. Alles zum Kochen bringen, dann die Hitze reduzieren und zugedeckt etwa 1,5 Stunden köcheln lassen, bis das Fleisch zart ist.

6. Mit Salz und Pfeffer abschmecken und mit gehackter Petersilie bestreuen.

7. Mit Beilagen wie Nudeln, Kartoffeln oder Brot servieren.

Nährwerte (pro Portion):

- Kalorien: 350 kcal

- Eiweiß: 30 g

- Fett: 15 g

- Kohlenhydrate: 20 g

Rote-Bete-Risotto

Portionen: 4

Kochzeit: 40 Minuten

Zutaten:

- 300 g Risottoreis (z.B. Arborio)
- 2 EL Olivenöl
- 1 Zwiebel, fein gehackt
- 2 Knoblauchzehen, gehackt
- 500 g gekochte Rote Bete, gewürfelt
- 1 Liter Gemüsebrühe
- 100 ml alkoholfreier Weißwein
- 50 g geriebener Parmesan
- 2 EL Butter
- Salz und Pfeffer nach Geschmack
- Frischer Thymian oder Rucola zum Garnieren

Zubereitung:

1. Olivenöl in einem großen Topf erhitzen. Zwiebel und Knoblauch darin anbraten, bis sie weich sind.

2. Risottoreis hinzufügen und unter Rühren etwa 2 Minuten anrösten.

3. Mit Weißwein ablöschen und rühren.

4. Nach und nach heiße Gemüsebrühe hinzufügen, jeweils nur so viel, dass der Reis bedeckt ist, und unter Rühren köcheln lassen, bis die Flüssigkeit aufgesogen ist. Diesen Vorgang wiederholen, bis der Reis al dente ist (ca. 18-20 Minuten).

5. Gehackte Rote Bete hinzufügen und gut vermengen.

6. Butter und Parmesan unterrühren und mit Salz und Pfeffer abschmecken.

7. Mit frischem Thymian oder Rucola garnieren und sofort servieren.

Nährwerte (pro Portion):- Kalorien: 400 kcal- Eiweiß: 10 g- Fett: 18 g- Kohlenhydrate: 50 g

Hähnchen-Tikka-Masala

Portionen: 4

Kochzeit: 30 Minuten

Zutaten:

- 500 g Hähnchenbrustfilets, in Stücke geschnitten
- 1 Zwiebel, fein gehackt
- 3 Knoblauchzehen, gehackt
- 1 Stück Ingwer (ca. 2 cm), gerieben
- 1 Dose gehackte Tomaten (400 g)
- 200 ml Kokosmilch
- 2 EL Pflanzenöl
- 2 EL Tikka-Masala-Paste
- 1 TL Kreuzkümmel
- 1 TL Korianderpulver
- Salz und Pfeffer nach Geschmack
- Frischer Koriander, gehackt, zum Garnieren

Zubereitung:

1. Öl in einer großen Pfanne erhitzen. Hähnchenstücke darin anbraten, bis sie rundum gebräunt sind. Herausnehmen und beiseite stellen.

2. Zwiebel, Knoblauch und Ingwer im gleichen Öl anbraten, bis sie weich sind.

3. Tikka-Masala-Paste, Kreuzkümmel und Korianderpulver hinzufügen und kurz mit anrösten.

4. Gehackte Tomaten und Kokosmilch hinzufügen und gut umrühren.

5. Hähnchenstücke zurück in die Pfanne geben und alles bei mittlerer Hitze etwa 15 Minuten köcheln lassen, bis das Hähnchen durchgegart ist.

6. Mit Salz und Pfeffer abschmecken.

7. Mit frischem Koriander bestreuen und sofort servieren. Dazu passt Reis oder Naan-Brot.

Nährwerte (pro Portion):

- Kalorien: 400 kcal
- Eiweiß: 30 g
- Fett: 20 g
- Kohlenhydrate: 20 g

Süßkartoffel-Chili

Portionen: 4

Kochzeit: 30 Minuten

Zutaten:

- 2 große Süßkartoffeln, geschält und gewürfelt
- 1 Zwiebel, gehackt
- 3 Knoblauchzehen, gehackt
- 1 rote Paprika, gewürfelt
- 1 Dose schwarze Bohnen (400 g), abgetropft und gespült
- 1 Dose gehackte Tomaten (400 g)
- 500 ml Gemüsebrühe
- 2 EL Tomatenmark
- 1 TL Kreuzkümmel
- 1 TL Paprikapulver
- 1 TL Oregano
- 1 EL Olivenöl
- Salz und Pfeffer nach Geschmack
- Frischer Koriander, gehackt, zum Garnieren

Zubereitung:

1. Olivenöl in einem großen Topf erhitzen. Zwiebel und Knoblauch darin anbraten, bis sie weich sind.

2. Süßkartoffeln und Paprika hinzufügen und etwa 5 Minuten mitbraten.

3. Tomatenmark, Kreuzkümmel, Paprikapulver und Oregano hinzufügen und kurz mit anrösten.

4. Gehackte Tomaten, schwarze Bohnen und Gemüsebrühe hinzufügen und gut umrühren.

5. Alles zum Kochen bringen, dann die Hitze reduzieren und etwa 20 Minuten köcheln lassen, bis die Süßkartoffeln weich sind.

6. Mit Salz und Pfeffer abschmecken.

7. Mit frischem Koriander bestreuen und sofort servieren. Dazu passen Reis oder Tortilla-Chips.

Nährwerte (pro Portion):- Kalorien: 350 kcal- Eiweiß: 10 g- Fett: 8 g- Kohlenhydrate: 60 g

Schnelle Paella mit Meeresfrüchten

Portionen: 4

Kochzeit: 30 Minuten

Zutaten:

- 250 g Paella-Reis
- 1 Zwiebel, fein gehackt
- 3 Knoblauchzehen, gehackt
- 1 rote Paprika, in Streifen geschnitten
- 2 Tomaten, gewürfelt
- 500 ml Fisch- oder Gemüsebrühe
- 200 g Garnelen, geschält und entdarmt
- 200 g Muscheln, gereinigt
- 1 TL geräuchertes Paprikapulver
- 1 TL Safranfäden
- 3 EL Olivenöl
- Salz und Pfeffer nach Geschmack
- Frische Petersilie, gehackt, zum Garnieren
- Zitronenspalten zum Servieren

Zubereitung:

1. Olivenöl in einer großen Pfanne erhitzen. Zwiebel und Knoblauch darin anbraten, bis sie weich sind.

2. Paprika und Tomaten hinzufügen und etwa 5 Minuten mitbraten.

3. Paella-Reis, geräuchertes Paprikapulver und Safranfäden hinzufügen und gut umrühren.

4. Brühe hinzufügen, zum Kochen bringen und dann die Hitze reduzieren. Etwa 15 Minuten köcheln lassen, bis der Reis fast gar ist.

5. Garnelen und Muscheln hinzufügen und weitere 5-7 Minuten köcheln lassen, bis die Meeresfrüchte gar sind und die Muscheln sich geöffnet haben. Mit Salz und Pfeffer abschmecken.

6. Mit frischer Petersilie bestreuen und mit Zitronenspalten servieren.

Nährwerte (pro Portion):

- Kalorien: 400 kcal

- Eiweiß: 20 g

- Fett: 12 g

- Kohlenhydrate: 50 g

Vegane Burritos

Portionen: 4

Kochzeit: 25 Minuten

Zutaten:

- 1 Dose schwarze Bohnen (400 g), abgetropft und gespült
- 1 Dose Mais (200 g), abgetropft
- 1 rote Paprika, gewürfelt
- 1 Avocado, in Scheiben
- 1 rote Zwiebel, fein gehackt
- 1 Handvoll Kirschtomaten, halbiert
- 1 Handvoll frischer Koriander, gehackt
- Saft einer Limette
- 1 TL Kreuzkümmel
- 1 TL Paprikapulver
- Salz und Pfeffer nach Geschmack
- 4 große Weizentortillas
- Salsa, Guacamole und vegane saure Sahne zum Servieren

Zubereitung:

1. In einer großen Schüssel schwarze Bohnen, Mais, rote Paprika, Zwiebel, Kirschtomaten, Koriander, Limettensaft, Kreuzkümmel, Paprikapulver, Salz und Pfeffer vermengen.

2. Weizentortillas in einer trockenen Pfanne oder Mikrowelle erwärmen.

3. Die Bohnen-Mais-Mischung gleichmäßig auf den Tortillas verteilen.

4. Avocadoscheiben darauflegen und nach Belieben Salsa, Guacamole und vegane saure Sahne hinzufügen.

5. Die Tortillas aufrollen und sofort servieren.

Nährwerte (pro Portion):- Kalorien: 350 kcal- Eiweiß: 10 g- Fett: 15 g- Kohlenhydrate: 45 g

Blumenkohl-Brokkoli-Gratin

Portionen: 4

Kochzeit: 30 Minuten

Zutaten:

- 1 kleiner Blumenkohl, in Röschen zerteilt
- 1 kleiner Brokkoli, in Röschen zerteilt
- 2 EL Butter
- 2 EL Mehl
- 300 ml Milch
- 100 g geriebener Käse (z.B. Cheddar oder Gouda)
- 1 TL Senf
- Salz und Pfeffer nach Geschmack
- 1 Prise Muskatnuss
- 50 g Paniermehl

Zubereitung:

1. Ofen auf 200°C vorheizen.
2. Blumenkohl- und Brokkoliröschen in kochendem Wasser 5 Minuten blanchieren, abgießen und abtropfen lassen.
3. In einem Topf Butter schmelzen, Mehl hinzufügen und unter ständigem Rühren 1 Minute anschwitzen.
4. Nach und nach Milch einrühren und unter ständigem Rühren aufkochen, bis die Sauce eindickt.
5. Käse und Senf einrühren, mit Salz, Pfeffer und Muskatnuss abschmecken.
6. Blumenkohl und Brokkoli in eine Auflaufform geben, mit der Käsesauce übergießen und mit Paniermehl bestreuen.
7. Im vorgeheizten Ofen etwa 20 Minuten backen, bis die Oberfläche goldbraun ist.
8. Sofort servieren.

Nährwerte (pro Portion):- Kalorien: 300 kcal- Eiweiß: 12 g- Fett: 20 g- Kohlenhydrate: 15 g

Kalbfilet mit Pflaumensauce

Portionen: 4

Kochzeit: 30 Minuten

Zutaten:

- 500 g Kalbfilet
- 2 EL Olivenöl
- Salz und Pfeffer nach Geschmack
- 1 Zwiebel, fein gehackt
- 2 Knoblauchzehen, gehackt
- 200 g getrocknete Pflaumen, entsteint und gehackt
- 200 ml Roter Traubensaft
- 200 ml Rinderbrühe
- 2 EL Balsamico-Essig
- 1 TL Thymian

Zubereitung:

1. Ofen auf 180°C vorheizen.
2. Kalbfilet mit Salz und Pfeffer würzen. In einer Pfanne 1 EL Olivenöl erhitzen und das Kalbfilet von allen Seiten scharf anbraten.
3. Kalbfilet in eine ofenfeste Form geben und im vorgeheizten Ofen etwa 20 Minuten fertig garen.
4. In der gleichen Pfanne den restlichen EL Olivenöl erhitzen. Zwiebel und Knoblauch darin anbraten, bis sie weich sind.
5. Getrocknete Pflaumen hinzufügen und kurz mitbraten.

6. Mit Saft ablöschen und die Rinderbrühe hinzufügen. Balsamico-Essig und Thymian einrühren und die Sauce bei mittlerer Hitze etwa 10 Minuten einkochen lassen.

7. Kalbfilet aus dem Ofen nehmen und in Scheiben schneiden.

8. Mit der Pflaumensauce servieren.

Nährwerte (pro Portion):

- Kalorien: 400 kcal
- Eiweiß: 30 g
- Fett: 15 g
- Kohlenhydrate: 25 g

Gemüse-Kokos-Curry

Portionen: 4

Kochzeit: 30 Minuten

Zutaten:

- 1 EL Pflanzenöl
- 1 Zwiebel, gehackt
- 2 Knoblauchzehen, gehackt
- 1 Stück Ingwer (ca. 2 cm), gerieben
- 1 rote Paprika, in Streifen geschnitten
- 1 gelbe Paprika, in Streifen geschnitten
- 2 Karotten, in Scheiben geschnitten
- 200 g grüne Bohnen, in Stücke geschnitten
- 1 Dose Kokosmilch (400 ml)
- 2 EL Currypaste (rot oder grün)
- 1 EL Sojasauce
- Saft einer Limette
- Frischer Koriander zum Garnieren

Zubereitung:

1. Öl in einem großen Topf erhitzen. Zwiebel, Knoblauch und Ingwer darin anbraten, bis sie weich sind.

2. Paprika, Karotten und grüne Bohnen hinzufügen und etwa 5 Minuten mitbraten.

3. Currypaste hinzufügen und kurz mit anrösten.

4. Kokosmilch und Sojasauce hinzufügen und zum Kochen bringen. Bei mittlerer Hitze etwa 10 Minuten köcheln lassen, bis das Gemüse weich ist.

5. Mit Limettensaft abschmecken.

6. Mit frischem Koriander garnieren und sofort servieren. Dazu passt Reis oder Naan-Brot. **Nährwerte (pro Portion):**- Kalorien: 350 kcal- Eiweiß: 8 g- Fett: 25 g- Kohlenhydrate: 25 g

Hackfleisch-Pfanne mit Paprika und Zucchini

Portionen: 4

Kochzeit: 25 Minuten

Zutaten:

- 500 g Hackfleisch (Rind oder gemischt)
- 1 Zwiebel, fein gehackt
- 2 Knoblauchzehen, gehackt
- 2 Paprika (rot und gelb), in Streifen geschnitten
- 2 Zucchini, in Scheiben geschnitten
- 2 EL Tomatenmark
- 1 Dose gehackte Tomaten (400 g)
- 1 TL Paprikapulver
- 1 TL Oregano
- 2 EL Olivenöl
- Salz und Pfeffer nach Geschmack
- Frische Petersilie, gehackt, zum Garnieren

Zubereitung:

1. Olivenöl in einer großen Pfanne erhitzen. Zwiebel und Knoblauch darin anbraten, bis sie weich sind.

2. Hackfleisch hinzufügen und unter Rühren anbraten, bis es braun und krümelig ist.

3. Paprika und Zucchini hinzufügen und etwa 5 Minuten mitbraten.

4. Tomatenmark, gehackte Tomaten, Paprikapulver und Oregano einrühren. Mit Salz und Pfeffer abschmecken.

5. Alles bei mittlerer Hitze etwa 10 Minuten köcheln lassen, bis das Gemüse weich ist.

6. Mit gehackter Petersilie bestreuen und sofort servieren.

Nährwerte (pro Portion):- Kalorien: 400 kcal- Eiweiß: 25 g- Fett: 25 g- Kohlenhydrate: 15 g

Schneller Puten-Curry-Reis

Portionen: 4

Kochzeit: 30 Minuten

Zutaten:

- 400 g Putenbrustfilets, in Streifen geschnitten
- 200 g Basmatireis
- 1 Zwiebel, fein gehackt
- 2 Knoblauchzehen, gehackt
- 1 Stück Ingwer (ca. 2 cm), gerieben
- 1 rote Paprika, in Streifen geschnitten
- 1 gelbe Paprika, in Streifen geschnitten
- 1 Dose Kokosmilch (400 ml)
- 2 EL Currypulver
- 1 TL Kurkuma
- 2 EL Pflanzenöl
- 500 ml Hühner- oder Gemüsebrühe
- Salz und Pfeffer nach Geschmack
- Frischer Koriander zum Garnieren

Zubereitung:

1. Reis in einem Sieb gründlich mit kaltem Wasser abspülen, bis das Wasser klar ist.

2. Pflanzenöl in einem großen Topf oder einer tiefen Pfanne erhitzen. Putenstreifen darin anbraten, bis sie rundum gebräunt sind. Herausnehmen und beiseite stellen.

3. Zwiebel, Knoblauch und Ingwer im gleichen Topf anbraten, bis sie weich sind.

4. Paprika hinzufügen und etwa 5 Minuten mitbraten.

5. Currypulver und Kurkuma hinzufügen und kurz mit anrösten.

6. Kokosmilch, Brühe und den abgespülten Reis hinzufügen. Alles gut umrühren und zum Kochen bringen.

7. Die angebratenen Putenstreifen zurück in den Topf geben. Hitze reduzieren und zugedeckt etwa 15-20 Minuten köcheln lassen, bis der Reis gar ist und die Flüssigkeit aufgesogen wurde.

8. Mit Salz und Pfeffer abschmecken.

9. Mit frischem Koriander garnieren und sofort servieren.

Nährwerte (pro Portion):

- Kalorien: 450 kcal

- Eiweiß: 30 g

- Fett: 18 g

- Kohlenhydrate: 40 g

Schneller Lamm-Reis

Portionen: 4

Kochzeit: 30 Minuten

Zutaten:

- 400 g Lammfleisch (z.B. Keule oder Schulter), in kleine Würfel geschnitten
- 200 g Basmatireis
- 1 Zwiebel, fein gehackt
- 2 Knoblauchzehen, gehackt
- 1 Stück Ingwer (ca. 2 cm), gerieben
- 1 rote Paprika, in Streifen geschnitten
- 1 Möhre, in dünne Scheiben geschnitten
- 2 EL Tomatenmark
- 1 TL Kreuzkümmel
- 1 TL Korianderpulver
- 1 TL Paprikapulver
- 1 TL Kurkuma
- 2 EL Pflanzenöl
- 500 ml Lamm- oder Gemüsebrühe
- Salz und Pfeffer nach Geschmack
- Frische Minze oder Petersilie zum Garnieren

Zubereitung:

1. Reis in einem Sieb gründlich mit kaltem Wasser abspülen, bis das Wasser klar ist.

2. Pflanzenöl in einem großen Topf oder einer tiefen Pfanne erhitzen. Lammwürfel darin anbraten, bis sie rundum gebräunt sind. Herausnehmen und beiseite stellen.

3. Zwiebel, Knoblauch und Ingwer im gleichen Topf anbraten, bis sie weich sind.

4. Paprika und Möhre hinzufügen und etwa 5 Minuten mitbraten.

5. Tomatenmark, Kreuzkümmel, Korianderpulver, Paprikapulver und Kurkuma hinzufügen und kurz mit anrösten.

6. Den abgespülten Reis hinzufügen und gut umrühren, bis alle Zutaten vermischt sind.

7. Brühe hinzufügen und zum Kochen bringen. Die angebratenen Lammwürfel zurück in den Topf geben.

8. Hitze reduzieren und zugedeckt etwa 15-20 Minuten köcheln lassen, bis der Reis gar ist und die Flüssigkeit aufgesogen wurde.

9. Mit Salz und Pfeffer abschmecken.

10. Mit frischer Minze oder Petersilie garnieren und sofort servieren.

Nährwerte (pro Portion):

- Kalorien: 500 kcal

- Eiweiß: 25 g

- Fett: 20 g

- Kohlenhydrate: 55 g

Schnelle Rinder-Nudel-Pfanne

Portionen: 4

Kochzeit: 25 Minuten

Zutaten:

- 400 g Rinderfilet oder Rindersteak, in dünne Streifen geschnitten
- 200 g Reisnudeln oder andere asiatische Nudeln
- 1 rote Paprika, in Streifen geschnitten
- 1 gelbe Paprika, in Streifen geschnitten
- 1 große Möhre, in dünne Scheiben geschnitten
- 2 Frühlingszwiebeln, in Ringe geschnitten
- 2 Knoblauchzehen, gehackt
- 1 Stück Ingwer (ca. 2 cm), gerieben
- 3 EL Sojasauce
- 2 EL Austernsauce
- 1 EL Sesamöl
- 2 EL Pflanzenöl
- 1 TL Chiliflocken (optional)
- 1 Handvoll frischer Koriander oder Basilikum, gehackt
- Saft einer Limette

Zubereitung:

1. Reisnudeln nach Packungsanweisung kochen, abgießen und beiseite stellen.

2. Pflanzenöl in einer großen Pfanne oder einem Wok erhitzen. Rindfleischstreifen darin scharf anbraten, bis sie rundum gebräunt sind. Herausnehmen und beiseite stellen.

3. Im gleichen Öl Knoblauch und Ingwer kurz anbraten, bis sie duften.

4. Paprika und Möhren hinzufügen und etwa 5 Minuten anbraten, bis das Gemüse weich ist.

5. Frühlingszwiebeln hinzufügen und kurz mitbraten.

6. Gekochte Nudeln, Sojasauce, Austernsauce und Sesamöl in die Pfanne geben und gut vermengen. Nach Belieben Chiliflocken hinzufügen.

7. Das angebratene Rindfleisch zurück in die Pfanne geben und alles gut vermengen.

8. Mit Limettensaft beträufeln und mit frischem Koriander oder Basilikum garnieren.

9. Sofort servieren.

Nährwerte (pro Portion):

- Kalorien: 450 kcal
- Eiweiß: 25 g
- Fett: 20 g
- Kohlenhydrate: 40 g

Schnelle Reis-Gemüse-Pfanne

Portionen: 4

Kochzeit: 20 Minuten

Zutaten:

- 200 g Basmatireis
- 2 EL Pflanzenöl
- 1 Zwiebel, fein gehackt
- 2 Knoblauchzehen, gehackt
- 1 rote Paprika, in Streifen geschnitten
- 1 gelbe Paprika, in Streifen geschnitten
- 1 große Möhre, in dünne Scheiben geschnitten
- 100 g Erbsen (frisch oder gefroren)
- 100 g Brokkoliröschen
- 2 EL Sojasauce
- 1 EL Sesamöl
- 1 TL geriebener Ingwer
- 1 Handvoll Frühlingszwiebeln, in Ringe geschnitten
- Salz und Pfeffer nach Geschmack
- Frischer Koriander oder Petersilie zum Garnieren

Zubereitung:

1. Reis nach Packungsanweisung kochen, abgießen und beiseite stellen.

2. Pflanzenöl in einer großen Pfanne oder einem Wok erhitzen. Zwiebel und Knoblauch darin anbraten, bis sie weich sind.

3. Paprika, Möhre, Erbsen und Brokkoli hinzufügen und etwa 5-7 Minuten anbraten, bis das Gemüse weich ist.

4. Gekochten Reis in die Pfanne geben und gut vermengen.

5. Sojasauce, Sesamöl und geriebenen Ingwer hinzufügen und alles gut vermischen. Nach Bedarf mit Salz und Pfeffer abschmecken.

6. Frühlingszwiebeln hinzufügen und kurz mitbraten.

7. Mit frischem Koriander oder Petersilie garnieren und sofort servieren.

Nährwerte (pro Portion):

- Kalorien: 300 kcal

- Eiweiß: 6 g

- Fett: 10 g

- Kohlenhydrate: 45 g

Schneller Hühnchen-Nudel-Topf

Portionen: 4

Kochzeit: 25 Minuten

Zutaten:

- 300 g Hähnchenbrustfilets, in kleine Stücke geschnitten
- 200 g Nudeln (z.B. Fusilli, Penne)
- 1 Zwiebel, fein gehackt
- 2 Knoblauchzehen, gehackt
- 1 rote Paprika, in Streifen geschnitten
- 1 Zucchini, in Halbscheiben geschnitten
- 1 Dose gehackte Tomaten (400 g)
- 500 ml Hühnerbrühe
- 1 TL getrockneter Oregano
- 1 TL getrocknetes Basilikum
- 2 EL Olivenöl
- Salz und Pfeffer nach Geschmack
- Frischer Parmesan zum Bestreuen (optional)
- Frische Basilikumblätter zum Garnieren

Zubereitung:

1. Olivenöl in einem großen Topf erhitzen. Hähnchenstücke darin anbraten, bis sie rundum gebräunt sind. Herausnehmen und beiseite stellen.

2. Zwiebel und Knoblauch im gleichen Topf anbraten, bis sie weich sind.

3. Rote Paprika und Zucchini hinzufügen und etwa 5 Minuten mitbraten.

4. Gehackte Tomaten, Hühnerbrühe, Oregano und Basilikum hinzufügen und gut umrühren.

5. Nudeln und die angebratenen Hähnchenstücke in den Topf geben. Zum Kochen bringen und dann die Hitze reduzieren. Zugedeckt etwa 10-12 Minuten köcheln lassen, bis die Nudeln gar sind und die Flüssigkeit aufgesogen wurde. Zwischendurch gelegentlich umrühren.

6. Mit Salz und Pfeffer abschmecken.

7. Mit frischem Parmesan bestreuen und mit Basilikumblättern garnieren.

8. Sofort servieren.

Nährwerte (pro Portion):

- Kalorien: 400 kcal
- Eiweiß: 25 g
- Fett: 12 g
- Kohlenhydrate: 45 g

Schnelle Reis-Tofu-Pfanne

Portionen: 4

Kochzeit: 25 Minuten

Zutaten:

- 200 g Basmatireis
- 400 g fester Tofu, in Würfel geschnitten
- 2 EL Sojasauce
- 1 EL Sesamöl
- 2 EL Pflanzenöl
- 1 Zwiebel, fein gehackt
- 2 Knoblauchzehen, gehackt
- 1 Stück Ingwer (ca. 2 cm), gerieben
- 1 rote Paprika, in Streifen geschnitten
- 1 gelbe Paprika, in Streifen geschnitten
- 1 Möhre, in dünne Scheiben geschnitten
- 100 g Erbsen (frisch oder gefroren)
- 2 Frühlingszwiebeln, in Ringe geschnitten
- 1 TL Chiliflocken (optional)
- Frischer Koriander oder Basilikum zum Garnieren
- Saft einer Limette

Zubereitung:

1. Reis nach Packungsanweisung kochen, abgießen und beiseite stellen.
2. Tofuwürfel mit Sojasauce und Sesamöl marinieren und beiseite stellen.

3. Pflanzenöl in einer großen Pfanne oder einem Wok erhitzen. Tofuwürfel darin goldbraun anbraten, herausnehmen und beiseite stellen.

4. Zwiebel, Knoblauch und Ingwer im gleichen Öl anbraten, bis sie weich sind.

5. Paprika, Möhre und Erbsen hinzufügen und etwa 5 Minuten anbraten, bis das Gemüse weich ist.

6. Gekochten Reis in die Pfanne geben und gut vermengen.

7. Die angebratenen Tofuwürfel zurück in die Pfanne geben und alles gut vermischen. Nach Belieben Chiliflocken hinzufügen.

8. Frühlingszwiebeln hinzufügen und kurz mitbraten.

9. Mit Limettensaft beträufeln und mit frischem Koriander oder Basilikum garnieren.

10. Sofort servieren.

Nährwerte (pro Portion):

- Kalorien: 350 kcal
- Eiweiß: 12 g
- Fett: 15 g
- Kohlenhydrate: 40 g

Gefülltes Fladenbrot

Portionen: 4

Kochzeit: 20 Minuten

Zutaten:

- 4 große Fladenbrote oder Pita-Brote
- 300 g Hähnchenbrustfilets oder Lammfleisch, in Streifen geschnitten (optional für vegetarische Variante weglassen)
- 1 Gurke, in dünne Scheiben geschnitten
- 2 Tomaten, in Scheiben geschnitten
- 1 rote Zwiebel, in dünne Ringe geschnitten
- 1 Paprika, in Streifen geschnitten
- 100 g Feta-Käse, zerbröselt (optional)
- 1 Handvoll frischer Rucola oder Salatblätter
- 2 EL Olivenöl
- 1 TL Paprikapulver
- 1 TL Kreuzkümmel
- Salz und Pfeffer nach Geschmack
- 1 Becher Joghurt
- 1 Knoblauchzehe, gehackt
- 1 TL Zitronensaft
- Frische Petersilie oder Minze zum Garnieren

Zubereitung:

1. **Marinade vorbereiten:** Olivenöl, Paprikapulver, Kreuzkümmel, Salz und Pfeffer in einer Schüssel vermengen. Hähnchenstreifen oder Lammstreifen hinzufügen und gut vermengen. Etwa 10 Minuten marinieren lassen.

2. **Fleisch anbraten:** Eine Pfanne erhitzen und das marinierte Fleisch darin etwa 5-7 Minuten anbraten, bis es durchgegart ist. Aus der Pfanne nehmen und warm halten.

3. **Gemüse vorbereiten:** Während das Fleisch brät, die Gurke, Tomaten, Zwiebel und Paprika in Scheiben schneiden.

4. **Joghurt-Sauce zubereiten:** Joghurt, gehackten Knoblauch und Zitronensaft in einer kleinen Schüssel vermischen. Mit Salz und Pfeffer abschmecken.

5. **Fladenbrot vorbereiten:** Die Fladenbrote oder Pita-Brote kurz in einer trockenen Pfanne oder im Ofen erwärmen, bis sie leicht knusprig sind.

6. **Fladenbrote füllen:** Die Fladenbrote aufschneiden und mit Rucola oder Salatblättern, Gurken, Tomaten, Zwiebeln und Paprika füllen. Das angebratene Fleisch hinzufügen und mit zerbröseltem Feta bestreuen (falls verwendet).

7. **Mit Sauce garnieren:** Die Joghurt-Sauce über das gefüllte Fladenbrot geben und mit frischer Petersilie oder Minze garnieren.

8. **Servieren:** Sofort servieren und genießen.

Nährwerte (pro Portion, mit Hähnchen und Feta):- Kalorien: 450 kcal- Eiweiß: 25 g- Fett: 18 g- Kohlenhydrate: 45 g

Schneller Tomatenreis

Portionen: 4

Kochzeit: 30 Minuten

Zutaten:

- 200 g Basmatireis
- 1 EL Olivenöl
- 1 Zwiebel, fein gehackt
- 2 Knoblauchzehen, gehackt
- 1 rote Paprika, gewürfelt
- 400 g gehackte Tomaten (frisch oder aus der Dose)
- 2 EL Tomatenmark
- 500 ml Gemüsebrühe
- 1 TL Paprikapulver
- 1 TL Kreuzkümmel
- Salz und Pfeffer nach Geschmack
- Frische Petersilie oder Basilikum zum Garnieren

Zubereitung:

1. **Reis vorbereiten:** Reis in einem Sieb gründlich mit kaltem Wasser abspülen, bis das Wasser klar ist.

2. **Zwiebeln und Knoblauch anbraten:** Olivenöl in einem großen Topf erhitzen. Zwiebel und Knoblauch darin anbraten, bis sie weich sind.

3. **Paprika hinzufügen:** Gewürfelte Paprika hinzufügen und etwa 3-4 Minuten mitbraten, bis sie leicht weich ist.

4. **Tomaten und Gewürze hinzufügen:** Gehackte Tomaten, Tomatenmark, Paprikapulver, Kreuzkümmel, Salz und Pfeffer hinzufügen. Gut umrühren und alles zusammen etwa 5 Minuten köcheln lassen.

5. **Reis und Brühe hinzufügen:** Den abgespülten Reis in den Topf geben und gut mit der Tomatenmischung vermengen. Gemüsebrühe hinzufügen und zum Kochen bringen.

6. **Reis kochen:** Hitze reduzieren, den Topf abdecken und den Reis etwa 15-20 Minuten köcheln lassen, bis der Reis weich ist und die Flüssigkeit aufgesogen wurde. Zwischendurch gelegentlich umrühren.

7. **Servieren:** Den Tomatenreis mit frischer Petersilie oder Basilikum garnieren und sofort servieren.

Nährwerte (pro Portion):

- Kalorien: 250 kcal

- Eiweiß: 5 g

- Fett: 5 g

- Kohlenhydrate: 45 g

Kapitel 5: Süße Verführungen –

Himmlische Schokoladenmousse

Portionen: 4

Kochzeit: 15 Minuten (+ Kühlzeit)

Zutaten:

- 200 g Zartbitterschokolade
- 3 Eier, getrennt
- 50 g Zucker
- 300 ml Schlagsahne
- 1 Prise Salz

Zubereitung:

1. **Schokolade schmelzen:** Schokolade in einer hitzebeständigen Schüssel über einem Wasserbad schmelzen und etwas abkühlen lassen.

2. **Eier trennen:** Eigelbe in eine Schüssel geben, Eiweiße in eine andere.

3. **Eigelb und Zucker schlagen:** Eigelbe und Zucker schaumig rühren, dann die geschmolzene Schokolade unterrühren.

4. **Eiweiß schlagen:** Eiweiß mit einer Prise Salz steif schlagen.

5. **Sahne schlagen:** Sahne steif schlagen.

6. **Mousse zusammensetzen:** Zuerst die geschlagene Sahne unter die Schokoladenmasse heben, dann den Eischnee vorsichtig unterheben.

7. **Kühlen:** Die Mousse in Schälchen füllen und mindestens 2 Stunden im Kühlschrank fest werden lassen.

8. **Servieren:** Nach Belieben mit Schokoladenraspeln oder frischen Beeren garnieren.

Blitzschnelle Erdbeer-Quark-Desserts

Portionen: 4

Kochzeit: 10 Minuten

Zutaten:

- 400 g frische Erdbeeren, gewürfelt
- 500 g Magerquark
- 2 EL Honig oder Ahornsirup
- 1 TL Vanilleextrakt
- 4 EL gehackte Nüsse (z.B. Mandeln oder Haselnüsse)

Zubereitung:

1. **Quark mischen:** Quark, Honig und Vanilleextrakt in einer Schüssel gut verrühren.

2. **Dessert anrichten:** Erdbeeren und Quarkschicht abwechselnd in Dessertgläser schichten.

3. **Nüsse hinzufügen:** Mit gehackten Nüssen bestreuen.

4. **Servieren:** Sofort servieren oder bis zum Servieren im Kühlschrank aufbewahren.

Zitronencreme mit Baiserhaube

Portionen: 4

Kochzeit: 20 Minuten (+ Kühlzeit)

Zutaten:

- 3 Eier, getrennt
- 200 g Zucker
- 100 ml Zitronensaft (frisch gepresst)
- 200 ml Wasser
- 2 EL Speisestärke
- 1 TL Zitronenschale (abgerieben)
- 1 Prise Salz

Zubereitung:

1. **Zitronencreme vorbereiten:** Eigelbe, 100 g Zucker, Zitronensaft, Wasser, Speisestärke und Zitronenschale in einem Topf verquirlen. Bei mittlerer Hitze unter ständigem Rühren erhitzen, bis die Mischung eindickt. In Dessertgläser füllen und abkühlen lassen.

2. **Baiserhaube vorbereiten:** Eiweiß mit einer Prise Salz steif schlagen, den restlichen Zucker nach und nach einrieseln lassen, bis die Masse glänzt und steife Spitzen bildet.

3. **Baiserhaube anbringen:** Die Baisermasse auf die abgekühlte Zitronencreme geben und mit einem Küchenbrenner leicht bräunen oder kurz unter den Grill stellen.

4. **Servieren:** Sofort servieren oder bis zum Servieren kühl stellen.

Schnellster Apfelkuchen aus der Pfanne

Portionen: 4

Kochzeit: 20 Minuten

Zutaten:

- 2 große Äpfel, geschält und in dünne Scheiben geschnitten
- 2 EL Butter
- 3 EL brauner Zucker
- 1 TL Zimt
- 150 g Mehl
- 100 g Zucker
- 1 TL Backpulver
- 1 Prise Salz
- 150 ml Milch
- 1 Ei

Zubereitung:

1. **Äpfel karamellisieren:** Butter in einer großen Pfanne schmelzen, braunen Zucker und Zimt hinzufügen. Apfelscheiben dazugeben und etwa 5 Minuten karamellisieren lassen.

2. **Teig vorbereiten:** In einer Schüssel Mehl, Zucker, Backpulver und Salz vermischen. Milch und Ei hinzufügen und zu einem glatten Teig verrühren.

3. **Kuchen backen:** Teig über die Äpfel in der Pfanne gießen, abdecken und bei niedriger Hitze etwa 15 Minuten backen, bis der Teig fest ist und durchgebacken.

4. **Servieren:** Pfanne vom Herd nehmen, abkühlen lassen, dann in Stücke schneiden und servieren.

Warmer Schokoladenkuchen mit flüssigem Kern

Portionen: 4

Kochzeit: 15 Minuten

Zutaten:

- 200 g Zartbitterschokolade
- 100 g Butter
- 100 g Zucker
- 3 Eier
- 50 g Mehl
- 1 Prise Salz
- Butter und Mehl für die Förmchen

Zubereitung:

1. **Förmchen vorbereiten:** Vier kleine Förmchen gut mit Butter einfetten und mit Mehl ausstreuen.

2. **Schokolade schmelzen:** Schokolade und Butter in einer hitzebeständigen Schüssel über einem Wasserbad schmelzen und etwas abkühlen lassen.

3. **Teig zubereiten:** Zucker und Eier in einer Schüssel schaumig rühren. Die geschmolzene Schokolade unterrühren, dann das Mehl und eine Prise Salz hinzufügen und alles zu einem glatten Teig verrühren.

4. **Backen:** Teig in die vorbereiteten Förmchen füllen. Förmchen auf ein Backblech stellen und im vorgeheizten Ofen bei 200°C (Ober-/Unterhitze) etwa 10-12 Minuten backen, bis die Ränder fest sind, aber die Mitte noch weich ist.

5. **Servieren:** Kuchen aus dem Ofen nehmen, kurz abkühlen lassen, dann aus den Förmchen stürzen und sofort servieren.

Himbeer-Tiramisu im Glas

Portionen: 4

Kochzeit: 15 Minuten (+ Kühlzeit)

Zutaten:

- 250 g Mascarpone
- 200 ml Schlagsahne
- 50 g Puderzucker
- 1 TL Vanilleextrakt
- 200 g Löffelbiskuits
- 200 ml Himbeersaft (oder frisch gepresster Himbeersaft)
- 200 g frische Himbeeren
- Kakaopulver zum Bestäuben

Zubereitung:

1. **Mascarpone-Creme vorbereiten:** Schlagsahne steif schlagen. In einer separaten Schüssel Mascarpone, Puderzucker und Vanilleextrakt verrühren, dann die geschlagene Sahne unterheben.

2. **Löffelbiskuits tränken:** Löffelbiskuits in Stücke brechen und kurz in den Himbeersaft tauchen.

3. **Gläser schichten:** Eine Schicht getränkter Löffelbiskuits auf den Boden von vier Dessertgläsern geben. Eine Schicht Mascarpone-Creme darüber verteilen und einige frische Himbeeren darauf legen. Den Vorgang wiederholen, bis die Gläser gefüllt sind, und mit einer Schicht Mascarpone-Creme abschließen.

4. **Kühlen:** Die Gläser für mindestens 2 Stunden im Kühlschrank kalt stellen.

5. **Servieren:** Vor dem Servieren mit Kakaopulver bestäuben und mit frischen Himbeeren garnieren.

Vanillepudding mit frischen Beeren

Portionen: 4

Kochzeit: 15 Minuten (+ Kühlzeit)

Zutaten:

- 500 ml Milch
- 1 Vanilleschote
- 100 g Zucker
- 3 EL Speisestärke
- 2 Eigelb
- 200 g gemischte frische Beeren (z.B. Erdbeeren, Himbeeren, Blaubeeren)
- 1 TL Puderzucker zum Bestäuben

Zubereitung:

1. **Vanillemilch vorbereiten:** Vanilleschote längs aufschneiden und das Mark herauskratzen. Vanillemark und Schote mit der Milch in einem Topf erhitzen, aber nicht kochen lassen.

2. **Eigelbe und Zucker verrühren:** Eigelbe und Zucker in einer Schüssel schaumig schlagen. Speisestärke hinzufügen und gut verrühren.

3. **Milch hinzufügen:** Heiße Vanillemilch langsam in die Eigelb-Zucker-Mischung rühren, dann alles zurück in den Topf geben.

4. **Pudding kochen:** Bei mittlerer Hitze unter ständigem Rühren erhitzen, bis die Mischung eindickt. Vanilleschote entfernen.

5. **Abkühlen:** Pudding in Dessertschalen füllen und abkühlen lassen. Dann für mindestens 2 Stunden im Kühlschrank kalt stellen.

6. **Servieren:** Mit frischen Beeren und Puderzucker bestäuben.

Schnelle Panna Cotta mit Mango

Portionen: 4

Kochzeit: 15 Minuten (+ Kühlzeit)

Zutaten:

- 500 ml Sahne
- 50 g Zucker
- 1 TL Vanilleextrakt
- 4 Blatt Gelatine
- 1 reife Mango, geschält und püriert

Zubereitung:

1. **Gelatine einweichen:** Gelatineblätter in kaltem Wasser einweichen.

2. **Sahne erhitzen:** Sahne, Zucker und Vanilleextrakt in einem Topf erhitzen, aber nicht kochen lassen.

3. **Gelatine hinzufügen:** Eingeweichte Gelatine ausdrücken und in die heiße Sahne rühren, bis sie sich aufgelöst hat.

4. **Panna Cotta formen:** Sahnemischung in Dessertgläser füllen und mindestens 4 Stunden im Kühlschrank fest werden lassen.

5. **Mango-Püree hinzufügen:** Vor dem Servieren das Mangopüree auf die Panna Cotta geben und sofort servieren.

Express-Tiramisu mit Kaffee und Kakao

Portionen: 4

Kochzeit: 15 Minuten (+ Kühlzeit)

Zutaten:

- 250 g Mascarpone
- 200 ml Schlagsahne
- 50 g Puderzucker
- 1 TL Vanilleextrakt
- 200 ml starker Kaffee, abgekühlt
- 200 g Löffelbiskuits
- Kakaopulver zum Bestäuben

Zubereitung:

1. **Mascarpone-Creme vorbereiten:** Schlagsahne steif schlagen. In einer separaten Schüssel Mascarpone, Puderzucker und Vanilleextrakt verrühren, dann die geschlagene Sahne unterheben.

2. **Löffelbiskuits tränken:** Löffelbiskuits in Stücke brechen und kurz in den abgekühlten Kaffee tauchen.

3. **Gläser schichten:** Eine Schicht getränkter Löffelbiskuits auf den Boden von vier Dessertgläsern geben. Eine Schicht Mascarpone-Creme darüber verteilen. Den Vorgang wiederholen, bis die Gläser gefüllt sind, und mit einer Schicht Mascarpone-Creme abschließen.

4. **Kühlen:** Die Gläser für mindestens 2 Stunden im Kühlschrank kalt stellen.

5. **Servieren:** Vor dem Servieren mit Kakaopulver bestäuben.

Cheesecake im Glas mit Himbeersauce

Portionen: 4

Kochzeit: 15 Minuten (+ Kühlzeit)

Zutaten:

- 200 g Frischkäse
- 200 ml Schlagsahne
- 50 g Puderzucker
- 1 TL Vanilleextrakt
- 100 g Butterkekse, zerbröselt
- 50 g Butter, geschmolzen
- 200 g Himbeeren (frisch oder gefroren)
- 2 EL Zucker
- 1 TL Zitronensaft

Zubereitung:

1. **Keksboden vorbereiten:** Zerbröselte Butterkekse mit geschmolzener Butter vermischen. Die Mischung auf den Boden von vier Dessertgläsern drücken.

2. **Cheesecake-Creme:** Schlagsahne steif schlagen. In einer separaten Schüssel Frischkäse, Puderzucker und Vanilleextrakt verrühren, dann die geschlagene Sahne unterheben. Die Creme auf die Keksböden in den Gläsern verteilen.

3. **Himbeersauce:** Himbeeren, Zucker und Zitronensaft in einem Topf erhitzen und köcheln lassen, bis die Himbeeren zerfallen und die Sauce leicht eingedickt ist. Abkühlen lassen.

4. **Gläser schichten:** Himbeersauce auf die Cheesecake-Creme in den Gläsern geben.

5. **Kühlen:** Die Gläser für mindestens 2 Stunden im Kühlschrank kalt stellen.

6. **Servieren:** Vor dem Servieren mit frischen Himbeeren garnieren.

Schneller Schokoladen-Bananen-Pudding

Portionen: 4

Kochzeit: 15 Minuten (+ Kühlzeit)

Zutaten:

- 2 reife Bananen
- 500 ml Milch
- 100 g Zartbitterschokolade
- 50 g Zucker
- 3 EL Kakaopulver
- 3 EL Speisestärke
- 1 TL Vanilleextrakt
- Schlagsahne und Schokoraspeln zum Garnieren (optional)

Zubereitung:

1. **Bananen pürieren:** Bananen in einer Schüssel mit einer Gabel zerdrücken oder in einem Mixer pürieren.

2. **Schokolade schmelzen:** Zartbitterschokolade in einer hitzebeständigen Schüssel über einem Wasserbad schmelzen.

3. **Pudding kochen:** In einem Topf Milch, Zucker, Kakaopulver und Speisestärke vermischen und unter ständigem Rühren erhitzen, bis die Mischung eindickt. Vanilleextrakt und geschmolzene Schokolade hinzufügen und gut verrühren.

4. **Bananen hinzufügen:** Pürierte Bananen in die Puddingmischung rühren.

5. **Kühlen:** Den Pudding in Dessertschalen füllen und im Kühlschrank abkühlen lassen.

6. **Servieren:** Mit Schlagsahne und Schokoraspeln garnieren (optional).

Zitronen-Blaubeer-Muffins

Portionen: 12 Muffins

Kochzeit: 25 Minuten

Zutaten:

- 250 g Mehl
- 150 g Zucker
- 2 TL Backpulver
- 1/2 TL Natron
- 1/4 TL Salz
- 1 Ei
- 250 ml Buttermilch
- 100 ml Pflanzenöl
- Saft und Schale einer Zitrone
- 200 g frische Blaubeeren

Zubereitung:

1. **Ofen vorheizen:** Den Ofen auf 180°C (Ober-/Unterhitze) vorheizen. Muffinform mit Papierförmchen auslegen.

2. **Trockene Zutaten mischen:** Mehl, Zucker, Backpulver, Natron und Salz in einer großen Schüssel vermischen.

3. **Nasse Zutaten mischen:** In einer separaten Schüssel Ei, Buttermilch, Pflanzenöl, Zitronensaft und Zitronenschale verquirlen.

4. **Teig herstellen:** Nasse Zutaten zu den trockenen Zutaten geben und vorsichtig verrühren, bis gerade eben alles vermischt ist. Blaubeeren unterheben.

5. **Backen:** Teig in die Muffinformen füllen und im vorgeheizten Ofen 20-25 Minuten backen, bis die Muffins goldbraun sind und ein Zahnstocher sauber herauskommt.

6. **Abkühlen:** Muffins aus dem Ofen nehmen und auf einem Kuchengitter abkühlen lassen.

Knusprige Apfel-Zimt-Crumble

Portionen: 4

Kochzeit: 30 Minuten

Zutaten:

- 4 Äpfel, geschält, entkernt und in dünne Scheiben geschnitten
- 2 EL Zitronensaft
- 50 g Zucker
- 1 TL Zimt
- 100 g Mehl
- 50 g Haferflocken
- 100 g brauner Zucker
- 100 g kalte Butter, in Stücke geschnitten
- Vanilleeis zum Servieren (optional)

Zubereitung:

1. **Ofen vorheizen:** Den Ofen auf 180°C (Ober-/Unterhitze) vorheizen.

2. **Äpfel vorbereiten:** Apfelscheiben mit Zitronensaft, Zucker und Zimt in einer Schüssel vermischen. In eine Auflaufform geben.

3. **Streusel herstellen:** Mehl, Haferflocken, brauner Zucker und Butter in eine Schüssel geben und mit den Fingern zu groben Streuseln verarbeiten.

4. **Backen:** Streusel gleichmäßig über die Äpfel verteilen. Im vorgeheizten Ofen etwa 25-30 Minuten backen, bis die Streusel goldbraun sind.

5. **Servieren:** Mit Vanilleeis servieren (optional).

Schokoladenfondue mit frischem Obst

Portionen: 4

Kochzeit: 10 Minuten

Zutaten:

- 200 g Zartbitterschokolade
- 200 ml Sahne
- 1 TL Vanilleextrakt
- 1 EL Honig (optional)
- Frisches Obst zum Dippen (z.B. Erdbeeren, Bananen, Äpfel, Ananas, Trauben)

Zubereitung:

1. **Schokolade schmelzen:** Schokolade in kleine Stücke brechen und in eine hitzebeständige Schüssel geben.

2. **Sahne erhitzen:** Sahne in einem Topf erhitzen, aber nicht kochen lassen. Über die Schokolade gießen und kurz stehen lassen, dann umrühren, bis die Schokolade vollständig geschmolzen ist.

3. **Aromatisieren:** Vanilleextrakt und Honig unterrühren.

4. **Servieren:** Das Schokoladenfondue in ein Fondue-Set oder eine Schüssel füllen. Frisches Obst auf Spieße stecken oder in Schälchen servieren und in die warme Schokolade dippen.

Kokosnussmilchreis mit Mango

Portionen: 4

Kochzeit: 30 Minuten

Zutaten:

- 200 g Rundkornreis
- 400 ml Kokosmilch
- 400 ml Wasser
- 50 g Zucker
- 1 reife Mango, geschält und in Scheiben geschnitten
- 1 TL Vanilleextrakt
- 1 Prise Salz
- Frische Minzblätter zum Garnieren (optional)

Zubereitung:

1. **Reis kochen:** Reis in einem Sieb gründlich mit kaltem Wasser abspülen. In einem Topf Kokosmilch, Wasser, Zucker, Vanilleextrakt und eine Prise Salz zum Kochen bringen. Reis hinzufügen und bei niedriger Hitze etwa 20-25 Minuten köcheln lassen, bis der Reis weich ist und die Flüssigkeit aufgesogen wurde. Gelegentlich umrühren.

2. **Abkühlen lassen:** Den Kokosnussmilchreis etwas abkühlen lassen.

3. **Servieren:** Kokosnussmilchreis in Schalen füllen, mit Mangoscheiben belegen und nach Belieben mit frischen Minzblättern garnieren.

Vanillekipferl in 20 Minuten

Portionen: 20-25 Kipferl

Kochzeit: 20 Minuten

Zutaten:

- 250 g Mehl
- 200 g kalte Butter, in Stücke geschnitten
- 100 g gemahlene Mandeln
- 80 g Puderzucker
- 2 Päckchen Vanillezucker
- 1 Prise Salz
- 100 g Puderzucker zum Wälzen
- 1 Päckchen Vanillezucker zum Wälzen

Zubereitung:

1. **Teig vorbereiten:** Mehl, kalte Butter, gemahlene Mandeln, 80 g Puderzucker, 2 Päckchen Vanillezucker und eine Prise Salz in eine Schüssel geben und rasch zu einem glatten Teig verkneten.

2. **Kipferl formen:** Den Teig zu einer langen Rolle formen und in etwa 2 cm dicke Stücke schneiden. Jedes Stück zu kleinen Hörnchen formen.

3. **Backen:** Kipferl auf ein mit Backpapier ausgelegtes Backblech legen und im vorgeheizten Ofen bei 180°C (Ober-/Unterhitze) etwa 10-12 Minuten backen, bis sie leicht goldbraun sind.

4. **Wälzen:** Puderzucker und Vanillezucker in einer Schüssel mischen. Die noch warmen Kipferl darin wälzen und abkühlen lassen.

Blitzschnelle Himbeer-Brownies

Portionen: 12 Brownies

Kochzeit: 20 Minuten

Zutaten:

- 200 g Zartbitterschokolade
- 150 g Butter
- 150 g Zucker
- 3 Eier
- 100 g Mehl
- 1 TL Backpulver
- 200 g frische oder gefrorene Himbeeren

Zubereitung:

1. **Schokolade und Butter schmelzen:** Schokolade und Butter in einer hitzebeständigen Schüssel über einem Wasserbad schmelzen lassen. Etwas abkühlen lassen.

2. **Teig vorbereiten:** Zucker und Eier in einer Schüssel schaumig schlagen. Geschmolzene Schokolade-Butter-Mischung unterrühren. Mehl und Backpulver hinzufügen und alles zu einem glatten Teig verrühren.

3. **Himbeeren hinzufügen:** Himbeeren vorsichtig unter den Teig heben.

4. **Backen:** Teig in eine gefettete oder mit Backpapier ausgelegte Backform (ca. 20x20 cm) füllen und im vorgeheizten Ofen bei 180°C (Ober-/Unterhitze) etwa 15-20 Minuten backen. Brownies sollten innen noch leicht feucht sein.

5. **Abkühlen:** Brownies aus dem Ofen nehmen, abkühlen lassen, in Stücke schneiden und servieren.

Pfirsich-Cobbler mit Streuseln

Portionen: 6

Kochzeit: 30 Minuten

Zutaten:

- 500 g frische oder gefrorene Pfirsiche, in Scheiben geschnitten
- 100 g Zucker
- 1 TL Zimt
- 1 EL Zitronensaft
- 100 g Mehl
- 50 g Haferflocken
- 100 g brauner Zucker
- 100 g kalte Butter, in Stücke geschnitten

Zubereitung:

1. **Pfirsiche vorbereiten:** Pfirsiche, Zucker, Zimt und Zitronensaft in einer Schüssel vermischen und in eine Auflaufform geben.

2. **Streusel herstellen:** Mehl, Haferflocken, brauner Zucker und Butter in eine Schüssel geben und mit den Fingern zu groben Streuseln verarbeiten.

3. **Backen:** Streusel gleichmäßig über die Pfirsiche verteilen. Im vorgeheizten Ofen bei 180°C (Ober-/Unterhitze) etwa 25-30 Minuten backen, bis die Streusel goldbraun sind und die Pfirsiche weich sind.

4. **Servieren:** Warm servieren, optional mit Vanilleeis oder Schlagsahne.

Erdbeer-Rhabarber-Quarkkuchen

Portionen: 8

Kochzeit: 25 Minuten

Zutaten:

- 200 g Rhabarber, in Stücke geschnitten
- 200 g Erdbeeren, geviertelt
- 500 g Magerquark
- 2 Eier
- 100 g Zucker
- 1 TL Vanilleextrakt
- 1 EL Speisestärke
- 1 fertiger Mürbeteig (aus dem Kühlregal)

Zubereitung:

1. **Teig vorbereiten:** Den Mürbeteig in eine gefettete Springform legen und den Rand hochziehen.

2. **Füllung vorbereiten:** Quark, Eier, Zucker, Vanilleextrakt und Speisestärke in einer Schüssel glatt rühren. Erdbeeren und Rhabarber unterheben.

3. **Backen:** Die Quarkmischung auf den Mürbeteig geben und glatt streichen. Im vorgeheizten Ofen bei 180°C (Ober-/Unterhitze) etwa 25-30 Minuten backen, bis die Füllung fest ist und leicht gebräunt.

4. **Abkühlen:** Den Kuchen aus dem Ofen nehmen und abkühlen lassen, dann in Stücke schneiden und servieren.

Schoko-Bananen-Brot ohne Backen

Portionen: 8

Kochzeit: 15 Minuten (+ Kühlzeit)

Zutaten:

- 3 reife Bananen
- 200 g Haferflocken
- 50 g Kakaopulver
- 100 g Honig oder Ahornsirup
- 100 g Erdnussbutter
- 1 TL Vanilleextrakt
- 50 g Zartbitterschokolade, grob gehackt

Zubereitung:

1. **Bananen zerdrücken:** Bananen in einer großen Schüssel mit einer Gabel zerdrücken.

2. **Mischen:** Haferflocken, Kakaopulver, Honig oder Ahornsirup, Erdnussbutter und Vanilleextrakt zu den Bananen geben und gut vermischen. Gehackte Schokolade unterheben.

3. **In Form geben:** Die Mischung in eine mit Backpapier ausgelegte Kastenform (ca. 20x10 cm) geben und gleichmäßig verteilen.

4. **Kühlen:** Im Kühlschrank mindestens 2 Stunden fest werden lassen.

5. **Servieren:** Das Brot aus der Form nehmen, in Scheiben schneiden und servieren.

Schoko-Bananen-Brot ohne Backen

Portionen: 8

Kochzeit: 15 Minuten (+ Kühlzeit)

Zutaten:

- 3 reife Bananen
- 200 g Haferflocken
- 50 g Kakaopulver
- 100 g Honig oder Ahornsirup
- 100 g Erdnussbutter
- 1 TL Vanilleextrakt
- 50 g Zartbitterschokolade, grob gehackt

Zubereitung:

1. **Bananen zerdrücken:** Bananen in einer großen Schüssel mit einer Gabel zerdrücken.

2. **Mischen:** Haferflocken, Kakaopulver, Honig oder Ahornsirup, Erdnussbutter und Vanilleextrakt zu den Bananen geben und gut vermischen. Gehackte Schokolade unterheben.

3. **In Form geben:** Die Mischung in eine mit Backpapier ausgelegte Kastenform (ca. 20x10 cm) geben und gleichmäßig verteilen.

4. **Kühlen:** Im Kühlschrank mindestens 2 Stunden fest werden lassen.

5. **Servieren:** Das Brot aus der Form nehmen, in Scheiben schneiden und servieren.

Schnelle Mandelkekse

Portionen: 20 Kekse

Kochzeit: 20 Minuten

Zutaten:

- 200 g gemahlene Mandeln
- 100 g Puderzucker
- 1 Eiweiß
- 1 TL Vanilleextrakt
- Eine Prise Salz
- 20 ganze Mandeln zum Dekorieren

Zubereitung:

1. **Teig vorbereiten:** Gemahlene Mandeln, Puderzucker, Eiweiß, Vanilleextrakt und eine Prise Salz in einer Schüssel zu einem glatten Teig vermengen.

2. **Kekse formen:** Aus dem Teig kleine Kugeln formen und leicht flach drücken. Auf ein mit Backpapier ausgelegtes Backblech legen und in die Mitte jeder Kugel eine ganze Mandel drücken.

3. **Backen:** Im vorgeheizten Ofen bei 180°C (Ober-/Unterhitze) etwa 12-15 Minuten backen, bis die Kekse goldbraun sind.

4. **Abkühlen:** Kekse aus dem Ofen nehmen und auf einem Kuchengitter abkühlen lassen.

Aprikosen-Tarte mit Mandelsplittern

Portionen: 8

Kochzeit: 30 Minuten

Zutaten:

- 1 Rolle Blätterteig (aus dem Kühlregal)
- 400 g Aprikosen (frisch oder aus der Dose), halbiert und entkernt
- 50 g Zucker
- 1 TL Zimt
- 50 g Mandelsplitter
- 1 Ei, verquirlt
- 2 EL Aprikosenmarmelade (optional)

Zubereitung:

1. **Ofen vorheizen:** Den Ofen auf 200°C (Ober-/Unterhitze) vorheizen.

2. **Blätterteig vorbereiten:** Blätterteig auf ein mit Backpapier ausgelegtes Backblech legen.

3. **Aprikosen anrichten:** Aprikosenhälften gleichmäßig auf dem Blätterteig verteilen.

4. **Bestreuen:** Zucker und Zimt über die Aprikosen streuen und mit Mandelsplittern bestreuen.

5. **Backen:** Die Ränder des Blätterteigs mit dem verquirlten Ei bestreichen und die Tarte im vorgeheizten Ofen etwa 20-25 Minuten backen, bis der Teig goldbraun ist.

6. **Glasieren:** Wenn gewünscht, die warme Tarte mit erwärmter Aprikosenmarmelade bestreichen.

7. **Servieren:** Tarte in Stücke schneiden und warm oder kalt servieren.

Schokoladen-Trüffel aus der Mikrowelle

Portionen: 20 Trüffel

Kochzeit: 15 Minuten (+ Kühlzeit)

Zutaten:

- 200 g Zartbitterschokolade
- 100 ml Sahne
- 1 TL Vanilleextrakt
- Kakaopulver zum Wälzen

Zubereitung:

1. **Schokolade und Sahne schmelzen:** Schokolade in kleine Stücke brechen und mit der Sahne in eine mikrowellengeeignete Schüssel geben. In der Mikrowelle bei mittlerer Hitze in 30-Sekunden-Intervallen schmelzen, zwischendurch umrühren, bis die Mischung glatt ist.

2. **Vanille hinzufügen:** Vanilleextrakt unter die geschmolzene Schokoladen-Sahne-Mischung rühren.

3. **Kühlen:** Die Mischung im Kühlschrank fest werden lassen (ca. 2 Stunden).

4. **Trüffel formen:** Mit einem Teelöffel kleine Portionen der Schokoladenmasse abstechen und zu Kugeln rollen.

5. **Wälzen:** Trüffel im Kakaopulver wälzen und bis zum Servieren im Kühlschrank aufbewahren.

Puddingteilchen mit Blätterteig

Portionen: 8

Kochzeit: 20 Minuten

Zutaten:

- 1 Rolle Blätterteig (aus dem Kühlregal)
- 500 ml Milch
- 1 Päckchen Vanillepuddingpulver
- 50 g Zucker
- 1 Ei, verquirlt
- Puderzucker zum Bestäuben

Zubereitung:

1. **Pudding zubereiten:** Vanillepuddingpulver mit Zucker und Milch nach Packungsanweisung kochen und abkühlen lassen.

2. **Blätterteig vorbereiten:** Blätterteig ausrollen und in 8 Rechtecke schneiden.

3. **Füllen:** Auf jedes Rechteck einen Löffel Vanillepudding geben und die Ränder zusammenklappen, um kleine Taschen zu formen. Die Ränder gut andrücken.

4. **Bestreichen:** Die Teilchen mit dem verquirlten Ei bestreichen.

5. **Backen:** Im vorgeheizten Ofen bei 200°C (Ober-/Unterhitze) etwa 15-20 Minuten backen, bis sie goldbraun sind.

6. **Servieren:** Mit Puderzucker bestäuben und warm oder kalt servieren.

Brombeer-Joghurt-Eiscreme

Portionen: 4

Kochzeit: 10 Minuten (+ Gefrierzeit)

Zutaten:

- 400 g frische oder gefrorene Brombeeren
- 500 g griechischer Joghurt
- 100 g Honig oder Ahornsirup
- 1 TL Vanilleextrakt

Zubereitung:

1. **Brombeeren pürieren:** Brombeeren in einem Mixer oder einer Küchenmaschine pürieren.

2. **Joghurtmischung:** Pürierte Brombeeren, Joghurt, Honig und Vanilleextrakt in einer großen Schüssel gut vermischen.

3. **Gefrieren:** Die Mischung in eine flache Form füllen und für mindestens 4 Stunden ins Gefrierfach stellen, dabei alle 30 Minuten umrühren, um Eiskristalle zu vermeiden.

4. **Servieren:** Die Brombeer-Joghurt-Eiscreme in Schalen füllen und sofort servieren.

Brombeer-Joghurt-Eiscreme

Portionen: 4

Kochzeit: 10 Minuten (+ Gefrierzeit)

Zutaten:

- 400 g frische oder gefrorene Brombeeren
- 500 g griechischer Joghurt
- 100 g Honig oder Ahornsirup
- 1 TL Vanilleextrakt

Zubereitung:

1. **Brombeeren pürieren:** Brombeeren in einem Mixer oder einer Küchenmaschine pürieren.

2. **Joghurtmischung:** Pürierte Brombeeren, Joghurt, Honig und Vanilleextrakt in einer großen Schüssel gut vermischen.

3. **Gefrieren:** Die Mischung in eine flache Form füllen und für mindestens 4 Stunden ins Gefrierfach stellen, dabei alle 30 Minuten umrühren, um Eiskristalle zu vermeiden.

4. **Servieren:** Die Brombeer-Joghurt-Eiscreme in Schalen füllen und sofort servieren.

Mandel-Orangen-Kuchen ohne Mehl

Portionen: 8

Kochzeit: 40 Minuten

Zutaten:

- 200 g gemahlene Mandeln
- 150 g Zucker
- 4 Eier
- 1 TL Vanilleextrakt
- Saft und Schale von 2 Orangen
- 1 TL Backpulver
- Eine Prise Salz
- Puderzucker zum Bestäuben

Zubereitung:

1. **Ofen vorheizen:** Den Ofen auf 180°C (Ober-/Unterhitze) vorheizen.

2. **Teig vorbereiten:** Eier und Zucker in einer Schüssel schaumig schlagen. Vanilleextrakt, Orangensaft und -schale hinzufügen.

3. **Trockene Zutaten:** Gemahlene Mandeln, Backpulver und eine Prise Salz unter die Ei-Zucker-Mischung heben.

4. **Backen:** Den Teig in eine gefettete Springform (ca. 20 cm) füllen und im vorgeheizten Ofen etwa 30-35 Minuten backen, bis der Kuchen goldbraun ist und ein Zahnstocher sauber herauskommt.

5. **Abkühlen:** Den Kuchen abkühlen lassen und mit Puderzucker bestäuben.

Mascarponecreme mit Karamell

Portionen: 4

Kochzeit: 15 Minuten (+ Kühlzeit)

Zutaten:

- 250 g Mascarpone
- 200 ml Schlagsahne
- 50 g Puderzucker
- 1 TL Vanilleextrakt
- 100 g Karamellsoße (selbstgemacht oder gekauft)
- Karamellstückchen zum Garnieren (optional)

Zubereitung:

1. **Mascarpone-Creme:** Mascarpone, Puderzucker und Vanilleextrakt in einer Schüssel glatt rühren.

2. **Sahne schlagen:** Schlagsahne steif schlagen und unter die Mascarpone-Mischung heben.

3. **Anrichten:** Die Mascarpone-Creme in Dessertgläser füllen, jeweils eine Schicht Karamellsoße darauf geben und mit der restlichen Creme bedecken. Oben nochmals etwas Karamellsoße verteilen.

4. **Kühlen:** Die Desserts für mindestens 2 Stunden im Kühlschrank kalt stellen.

5. **Servieren:** Mit Karamellstückchen garnieren (optional) und servieren.

Schnelle Apfeltarte mit Blätterteig

Portionen: 8

Kochzeit: 30 Minuten

Zutaten:

- 1 Rolle Blätterteig (aus dem Kühlregal)
- 3 Äpfel, geschält, entkernt und in dünne Scheiben geschnitten
- 50 g Zucker
- 1 TL Zimt
- 2 EL Aprikosenmarmelade
- 1 Ei, verquirlt

Zubereitung:

1. **Ofen vorheizen:** Den Ofen auf 200°C (Ober-/Unterhitze) vorheizen.
2. **Blätterteig vorbereiten:** Blätterteig auf ein mit Backpapier ausgelegtes Backblech legen.
3. **Apfelscheiben anrichten:** Apfelscheiben gleichmäßig auf dem Blätterteig verteilen.
4. **Bestreuen:** Zucker und Zimt über die Apfelscheiben streuen.
5. **Backen:** Die Ränder des Blätterteigs mit dem verquirlten Ei bestreichen und die Tarte im vorgeheizten Ofen etwa 20-25 Minuten backen, bis der Teig goldbraun ist.
6. **Glasieren:** Erwärmte Aprikosenmarmelade über die noch warme Tarte streichen.
7. **Servieren:** Tarte in Stücke schneiden und warm oder kalt servieren.

Himbeer-Schoko-Tassenkuchen

Portionen: 1

Kochzeit: 5 Minuten

Zutaten:

- 4 EL Mehl
- 2 EL Zucker
- 2 EL Kakaopulver
- 1/4 TL Backpulver
- 3 EL Milch
- 1 EL Pflanzenöl
- 1/4 TL Vanilleextrakt
- 2 EL frische oder gefrorene Himbeeren

Zubereitung:

1. **Teig zubereiten:** Mehl, Zucker, Kakaopulver und Backpulver in einer großen Tasse vermischen. Milch, Pflanzenöl und Vanilleextrakt hinzufügen und zu einem glatten Teig verrühren.

2. **Himbeeren hinzufügen:** Himbeeren vorsichtig unter den Teig heben.

3. **Mikrowelle:** Die Tasse in die Mikrowelle stellen und bei hoher Leistung etwa 1-2 Minuten backen, bis der Kuchen aufgegangen und durchgebacken ist.

4. **Servieren:** Den Tassenkuchen aus der Mikrowelle nehmen, etwas abkühlen lassen und direkt aus der Tasse genießen.

Blitz-Mousse au Chocolat mit Minze

Portionen: 4

Kochzeit: 15 Minuten (+ Kühlzeit)

Zutaten:

- 200 g Zartbitterschokolade
- 300 ml Schlagsahne
- 2 EL Puderzucker
- 1 TL Vanilleextrakt
- Frische Minzblätter zum Garnieren

Zubereitung:

1. **Schokolade schmelzen:** Schokolade in einer hitzebeständigen Schüssel über einem Wasserbad schmelzen und etwas abkühlen lassen.

2. **Sahne schlagen:** Schlagsahne mit Puderzucker und Vanilleextrakt steif schlagen.

3. **Mousse zubereiten:** Geschmolzene Schokolade vorsichtig unter die geschlagene Sahne heben.

4. **Kühlen:** Die Mousse in Dessertgläser füllen und mindestens 2 Stunden im Kühlschrank kalt stellen.

5. **Servieren:** Mit frischen Minzblättern garnieren und servieren.

Kapitel 6: Getränke

Erfrischender Zitronen-Minz-Eistee

Portionen: 4

Zubereitungszeit: 15 Minuten + Kühlzeit

Zutaten:

- 4 Teebeutel schwarzer Tee
- 1 Liter Wasser
- 2 Zitronen, in Scheiben geschnitten
- 1 Handvoll frische Minzblätter
- 3-4 EL Honig oder Zucker (nach Geschmack)
- Eiswürfel
- Frische Minzblätter und Zitronenscheiben zum Garnieren

Zubereitung:

1. **Tee zubereiten:** Wasser zum Kochen bringen und die Teebeutel darin 5-7 Minuten ziehen lassen. Teebeutel entfernen und den Tee abkühlen lassen.

2. **Zitronen und Minze hinzufügen:** Zitronenscheiben und Minzblätter in den abgekühlten Tee geben.

3. **Süßen:** Honig oder Zucker hinzufügen und gut umrühren, bis es sich aufgelöst hat.

4. **Kühlen:** Den Eistee im Kühlschrank mindestens 2 Stunden kalt stellen.

5. **Servieren:** Den Eistee mit Eiswürfeln in Gläser füllen und mit frischen Minzblättern und Zitronenscheiben garnieren.

Sommerlicher Erdbeer-Limetten-Smoothie

Portionen: 2

Zubereitungszeit: 10 Minuten

Zutaten:

- 200 g frische oder gefrorene Erdbeeren
- 1 Banane
- Saft von 2 Limetten
- 200 ml Kokoswasser oder Wasser
- 2 EL Honig oder Ahornsirup (nach Geschmack)
- Eiswürfel (optional)

Zubereitung:

1. **Mixen:** Erdbeeren, Banane, Limettensaft, Kokoswasser und Honig in einen Mixer geben und glatt pürieren.

2. **Kühlen:** Falls gewünscht, einige Eiswürfel hinzufügen und erneut mixen.

3. **Servieren:** Den Smoothie in Gläser füllen und sofort servieren.

Klassische Limonade mit einem Twist

Portionen: 4

Zubereitungszeit: 15 Minuten

Zutaten:

- 4 Zitronen, ausgepresst
- 1 Limette, ausgepresst
- 1 Liter Wasser
- 100 g Zucker
- 1 Handvoll frische Minzblätter
- Eiswürfel
- Zitronen- und Limettenscheiben zum Garnieren

Zubereitung:

1. **Zuckersirup herstellen:** Zucker und 250 ml Wasser in einem Topf erhitzen, bis sich der Zucker aufgelöst hat. Abkühlen lassen.

2. **Limonade mischen:** Zitronensaft, Limettensaft und den abgekühlten Zuckersirup in eine Karaffe geben. Restliches Wasser und Minzblätter hinzufügen und gut umrühren.

3. **Kühlen:** Die Limonade im Kühlschrank kalt stellen.

4. **Servieren:** Mit Eiswürfeln in Gläser füllen und mit Zitronen- und Limettenscheiben garnieren.

Mango-Lassi mit einer Prise Kardamom

Portionen: 2

Zubereitungszeit: 10 Minuten

Zutaten:

- 1 reife Mango, geschält und in Stücke geschnitten
- 250 g griechischer Joghurt
- 100 ml Milch
- 1-2 EL Honig oder Zucker (nach Geschmack)
- 1/4 TL gemahlener Kardamom
- Eiswürfel (optional)

Zubereitung:

1. **Mixen:** Mango, Joghurt, Milch, Honig und Kardamom in einen Mixer geben und glatt pürieren.

2. **Kühlen:** Falls gewünscht, einige Eiswürfel hinzufügen und erneut mixen.

3. **Servieren:** Den Mango-Lassi in Gläser füllen und sofort servieren.

Schokoladiger Bananen-Milchshake

Portionen: 2

Zubereitungszeit: 10 Minuten

Zutaten:

- 2 reife Bananen
- 500 ml Milch
- 3 EL Kakaopulver
- 2 EL Honig oder Ahornsirup
- 1 TL Vanilleextrakt
- Eiswürfel (optional)
- Schlagsahne und Schokoladenraspeln zum Garnieren (optional)

Zubereitung:

1. **Mixen:** Bananen, Milch, Kakaopulver, Honig und Vanilleextrakt in einen Mixer geben und glatt pürieren.

2. **Kühlen:** Falls gewünscht, einige Eiswürfel hinzufügen und erneut mixen.

3. **Servieren:** Den Milchshake in Gläser füllen, optional mit Schlagsahne und Schokoladenraspeln garnieren und sofort servieren.

Himbeer-Basilikum-Limonade

Portionen: 4

Zubereitungszeit: 15 Minuten

Zutaten:

- 200 g frische oder gefrorene Himbeeren
- Saft von 4 Zitronen
- 1 Liter Wasser (still oder sprudelnd)
- 100 g Zucker
- 1 Handvoll frische Basilikumblätter
- Eiswürfel
- Zitronenscheiben und Basilikumblätter zum Garnieren

Zubereitung:

1. **Himbeeren und Zucker kochen:** Himbeeren, Zucker und 250 ml Wasser in einem Topf erhitzen, bis sich der Zucker aufgelöst hat und die Himbeeren zerfallen. Abkühlen lassen.

2. **Limonade mischen:** Zitronensaft und restliches Wasser in eine Karaffe geben. Den abgekühlten Himbeersirup durch ein feines Sieb in die Karaffe gießen.

3. **Basilikum hinzufügen:** Basilikumblätter leicht andrücken, um die Aromen freizusetzen, und in die Karaffe geben.

4. **Kühlen:** Die Limonade im Kühlschrank kalt stellen.

5. **Servieren:** Mit Eiswürfeln in Gläser füllen und mit Zitronenscheiben und Basilikumblättern garnieren.

Fruchtiger Ananas-Kokos-Smoothie

Portionen: 2

Zubereitungszeit: 10 Minuten

Zutaten:

- 1 reife Ananas, geschält und in Stücke geschnitten
- 200 ml Kokosmilch
- 100 ml Orangensaft
- 1 Banane
- 1 EL Honig oder Ahornsirup (nach Geschmack)
- Eiswürfel (optional)

Zubereitung:

1. **Mixen:** Ananas, Kokosmilch, Orangensaft, Banane und Honig in einen Mixer geben und glatt pürieren.

2. **Kühlen:** Falls gewünscht, einige Eiswürfel hinzufügen und erneut mixen.

3. **Servieren:** Den Smoothie in Gläser füllen und sofort servieren.

Klassischer Mojito mit frischer Minze

Portionen: 1

Zubereitungszeit: 5 Minuten

Zutaten:

- 50 ml weißer Rum
- Saft von 1 Limette
- 2 TL Zucker
- 8-10 frische Minzblätter
- Sodawasser
- Eiswürfel
- Minzzweig und Limettenscheiben zum Garnieren

Zubereitung:

1. **Minze und Zucker zerstoßen:** Minzblätter, Zucker und Limettensaft in ein Glas geben und mit einem Stößel leicht zerdrücken, um die Aromen freizusetzen.

2. **Rum und Eis hinzufügen:** Weißen Rum und Eiswürfel in das Glas geben.

3. **Sodawasser auffüllen:** Das Glas mit Sodawasser auffüllen und gut umrühren.

4. **Servieren:** Mit einem Minzzweig und Limettenscheiben garnieren und sofort servieren.

Melonen-Basilikum-Cooler

Portionen: 4

Zubereitungszeit: 15 Minuten

Zutaten:

- 1 kleine Wassermelone, geschält und in Stücke geschnitten
- Saft von 2 Limetten
- 1 Handvoll frische Basilikumblätter
- 2 EL Honig oder Ahornsirup (nach Geschmack)
- 500 ml Sodawasser
- Eiswürfel
- Basilikumblätter und Limettenscheiben zum Garnieren

Zubereitung:

1. **Melone pürieren:** Wassermelone in einem Mixer pürieren und durch ein feines Sieb in eine Karaffe gießen.

2. **Limonade mischen:** Limettensaft, Honig und Basilikumblätter hinzufügen und gut umrühren.

3. **Kühlen:** Die Mischung im Kühlschrank kalt stellen.

4. **Sodawasser hinzufügen:** Kurz vor dem Servieren das Sodawasser in die Karaffe gießen.

5. **Servieren:** Mit Eiswürfeln in Gläser füllen und mit Basilikumblättern und Limettenscheiben garnieren.

Warmes Apfel-Zimt-Punsch

Portionen: 4

Zubereitungszeit: 20 Minuten

Zutaten:

- 1 Liter Apfelsaft
- 2 Zimtstangen
- 4 Nelken
- 1 Orange, in Scheiben geschnitten
- 2 EL Honig oder brauner Zucker (nach Geschmack)
- 1 Apfel, in dünne Scheiben geschnitten
- Zimtpulver zum Bestäuben (optional)

Zubereitung:

1. **Punsch kochen:** Apfelsaft, Zimtstangen, Nelken, Orangenscheiben und Honig in einen großen Topf geben und zum Kochen bringen. Hitze reduzieren und etwa 15 Minuten bei schwacher Hitze ziehen lassen.

2. **Abseihen:** Den Punsch durch ein Sieb gießen, um die Gewürze und Orangenscheiben zu entfernen.

3. **Servieren:** Den Punsch in Tassen füllen, mit Apfelscheiben garnieren und nach Belieben mit Zimtpulver bestäuben. Sofort heiß servieren.

Blaubeer-Joghurt-Smoothie

Portionen: 2

Zubereitungszeit: 10 Minuten

Zutaten:

- 200 g frische oder gefrorene Blaubeeren
- 1 Banane
- 200 g griechischer Joghurt
- 200 ml Milch oder pflanzliche Milch
- 1-2 EL Honig oder Ahornsirup (nach Geschmack)
- 1 TL Vanilleextrakt
- Eiswürfel (optional)

Zubereitung:

1. **Mixen:** Blaubeeren, Banane, Joghurt, Milch, Honig und Vanilleextrakt in einen Mixer geben und glatt pürieren.

2. **Kühlen:** Falls gewünscht, einige Eiswürfel hinzufügen und erneut mixen.

3. **Servieren:** Den Smoothie in Gläser füllen und sofort servieren.

Hausgemachter Eiskaffee mit Vanille

Portionen: 2

Zubereitungszeit: 10 Minuten

Zutaten:

- 200 ml starker Kaffee, abgekühlt
- 200 ml Milch oder pflanzliche Milch
- 2 EL Vanillesirup (nach Geschmack)
- Eiswürfel
- Schlagsahne und Schokoladenraspeln zum Garnieren (optional)

Zubereitung:

1. **Kaffee mischen:** Abgekühlten Kaffee, Milch und Vanillesirup in einem Glas oder einer Karaffe gut verrühren.

2. **Eis hinzufügen:** Gläser mit Eiswürfeln füllen und den Kaffee-Milch-Mix darüber gießen.

3. **Servieren:** Nach Belieben mit Schlagsahne und Schokoladenraspeln garnieren und sofort servieren.

Tropischer Mangosmoothie

Portionen: 2

Zubereitungszeit: 10 Minuten

Zutaten:

- 1 reife Mango, geschält und in Stücke geschnitten
- 1 Banane
- 200 ml Kokosmilch
- 100 ml Orangensaft
- 1 EL Honig oder Ahornsirup (nach Geschmack)
- Eiswürfel (optional)

Zubereitung:

1. **Mixen:** Mango, Banane, Kokosmilch, Orangensaft und Honig in einen Mixer geben und glatt pürieren.
2. **Kühlen:** Falls gewünscht, einige Eiswürfel hinzufügen und erneut mixen.
3. **Servieren:** Den Smoothie in Gläser füllen und sofort servieren.

Karibischer Ananas-Minz-Cocktail

Portionen: 4

Zubereitungszeit: 10 Minuten

Zutaten:

- 500 ml Ananassaft
- 200 ml Kokoswasser
- Saft von 2 Limetten
- 1 Handvoll frische Minzblätter
- 2 EL Honig oder Zucker (nach Geschmack)
- Eiswürfel
- Minzzweige und Limettenscheiben zum Garnieren

Zubereitung:

1. **Cocktail mischen:** Ananassaft, Kokoswasser, Limettensaft und Honig in eine Karaffe geben und gut verrühren.

2. **Minze hinzufügen:** Minzblätter leicht andrücken, um die Aromen freizusetzen, und in die Karaffe geben.

3. **Kühlen:** Den Cocktail im Kühlschrank kalt stellen.

4. **Servieren:** Mit Eiswürfeln in Gläser füllen und mit Minzzweigen und Limettenscheiben garnieren.

Leichter Gurken-Limetten-Cooler

Portionen: 4

Zubereitungszeit: 10 Minuten

Zutaten:

- 1 große Gurke, geschält und in Scheiben geschnitten
- Saft von 3 Limetten
- 1 Liter Mineralwasser (still oder sprudelnd)
- 2 EL Honig oder Agavendicksaft (nach Geschmack)
- Eiswürfel
- Gurkenscheiben und Limettenscheiben zum Garnieren
- Frische Minzblätter zum Garnieren

Zubereitung:

1. **Gurke pürieren:** Gurkenscheiben in einem Mixer pürieren und durch ein feines Sieb in eine Karaffe gießen.

2. **Cooler mischen:** Limettensaft und Honig hinzufügen und gut verrühren. Mineralwasser dazugießen und erneut umrühren.

3. **Kühlen:** Den Cooler im Kühlschrank kalt stellen.

4. **Servieren:** Mit Eiswürfeln in Gläser füllen und mit Gurkenscheiben, Limettenscheiben und Minzblättern garnieren.

Chai-Latte mit einer Prise Muskatnuss

Portionen: 2

Zubereitungszeit: 15 Minuten

Zutaten:

- 500 ml Wasser
- 2 schwarze Teebeutel
- 1 Zimtstange
- 4 Nelken
- 4 Kardamomkapseln, leicht zerdrückt
- 1 Sternanis
- 1 Stück Ingwer (ca. 2 cm), in Scheiben geschnitten
- 2 EL brauner Zucker oder Honig
- 500 ml Milch oder pflanzliche Milch
- 1 Prise Muskatnuss

Zubereitung:

1. **Gewürze aufkochen:** Wasser in einem Topf zum Kochen bringen. Zimtstange, Nelken, Kardamomkapseln, Sternanis und Ingwer hinzufügen und 5 Minuten köcheln lassen.

2. **Tee ziehen lassen:** Teebeutel in den Topf geben und weitere 5 Minuten ziehen lassen.

3. **Süßen und Milch hinzufügen:** Teebeutel und Gewürze entfernen, Zucker oder Honig hinzufügen und umrühren, bis er sich aufgelöst hat. Milch hinzufügen und erhitzen, aber nicht kochen lassen.

4. **Servieren:** Chai-Latte in Tassen gießen und mit einer Prise Muskatnuss bestreuen. Sofort servieren.

Belebender Ingwer-Zitronen-Tee

Portionen: 4

Zubereitungszeit: 15 Minuten

Zutaten:

- 1 Liter Wasser
- 1 großes Stück Ingwer (ca. 5 cm), in dünne Scheiben geschnitten
- Saft von 2 Zitronen
- 2 EL Honig oder Ahornsirup (nach Geschmack)
- Zitronenscheiben und frische Minzblätter zum Garnieren

Zubereitung:

1. **Ingwer aufkochen:** Wasser in einem Topf zum Kochen bringen. Ingwerscheiben hinzufügen und etwa 10 Minuten köcheln lassen.

2. **Zitronensaft hinzufügen:** Topf vom Herd nehmen und Zitronensaft einrühren.

3. **Süßen:** Honig oder Ahornsirup nach Geschmack hinzufügen und gut umrühren.

4. **Servieren:** Den Tee durch ein Sieb in Tassen oder Gläser gießen. Mit Zitronenscheiben und Minzblättern garnieren und sofort heiß servieren.

Pina Colada ohne Alkohol

Portionen: 2

Zubereitungszeit: 10 Minuten

Zutaten:

- 200 ml Ananassaft
- 200 ml Kokosmilch
- 1 Banane
- 2 EL Honig oder Ahornsirup (nach Geschmack)
- 1 TL Vanilleextrakt
- Eiswürfel
- Ananasscheiben und Kirschen zum Garnieren

Zubereitung:

1. **Mixen:** Ananassaft, Kokosmilch, Banane, Honig und Vanilleextrakt in einen Mixer geben und glatt pürieren.

2. **Kühlen:** Einige Eiswürfel hinzufügen und erneut mixen, bis die Mischung gut gekühlt ist.

3. **Servieren:** In Gläser füllen und mit Ananasscheiben und Kirschen garnieren. Sofort servieren.

Klassische heiße Schokolade

Portionen: 2

Zubereitungszeit: 10 Minuten

Zutaten:

- 500 ml Milch oder pflanzliche Milch
- 100 g Zartbitterschokolade, grob gehackt
- 2 EL Zucker
- 1 TL Vanilleextrakt
- Schlagsahne und Schokoladenraspeln zum Garnieren (optional)

Zubereitung:

1. **Milch erhitzen:** Milch in einem Topf erhitzen, aber nicht zum Kochen bringen.

2. **Schokolade schmelzen:** Gehackte Schokolade und Zucker hinzufügen und unter ständigem Rühren schmelzen lassen, bis die Mischung glatt ist.

3. **Aromatisieren:** Vanilleextrakt einrühren.

4. **Servieren:** Heiße Schokolade in Tassen füllen und nach Belieben mit Schlagsahne und Schokoladenraspeln garnieren. Sofort servieren.

Kiwi-Ananas-Smoothie

Portionen: 2

Zubereitungszeit: 10 Minuten

Zutaten:

- 2 Kiwis, geschält und in Stücke geschnitten
- 200 g Ananasstücke (frisch oder aus der Dose)
- 1 Banane
- 200 ml Kokoswasser oder Orangensaft
- 1 EL Honig oder Ahornsirup (nach Geschmack)
- Eiswürfel (optional)

Zubereitung:

1. **Mixen:** Kiwis, Ananas, Banane, Kokoswasser und Honig in einen Mixer geben und glatt pürieren.

2. **Kühlen:** Falls gewünscht, einige Eiswürfel hinzufügen und erneut mixen.

3. **Servieren:** Den Smoothie in Gläser füllen und sofort servieren.

Würziger Orangen-Ingwer-Punsch

Portionen: 4

Zubereitungszeit: 20 Minuten

Zutaten:

- 1 Liter Orangensaft
- 500 ml Apfelsaft
- 1 großes Stück Ingwer (ca. 5 cm), in Scheiben geschnitten
- 2 Zimtstangen
- 4 Nelken
- 1 Orange, in Scheiben geschnitten
- 2 EL Honig oder brauner Zucker (nach Geschmack)
- Zimtstangen und Orangenscheiben zum Garnieren

Zubereitung:

1. **Punsch kochen:** Orangensaft, Apfelsaft, Ingwerscheiben, Zimtstangen und Nelken in einen großen Topf geben und zum Kochen bringen. Hitze reduzieren und etwa 15 Minuten bei schwacher Hitze ziehen lassen.

2. **Süßen:** Den Topf vom Herd nehmen und den Honig oder braunen Zucker einrühren, bis er sich aufgelöst hat.

3. **Servieren:** Den Punsch durch ein Sieb in Tassen oder Gläser gießen. Mit Zimtstangen und Orangenscheiben garnieren und heiß servieren.

Vanille-Mandel-Milchshake

Portionen: 2

Zubereitungszeit: 10 Minuten

Zutaten:

- 400 ml Mandelmilch (oder andere pflanzliche Milch)
- 2 EL Mandelbutter
- 2 EL Ahornsirup oder Honig
- 1 TL Vanilleextrakt
- 2 Bananen, gefroren
- Eiswürfel (optional)
- Geröstete Mandelsplitter zum Garnieren (optional)

Zubereitung:

1. **Mixen:** Mandelmilch, Mandelbutter, Ahornsirup, Vanilleextrakt und gefrorene Bananen in einen Mixer geben und glatt pürieren.

2. **Kühlen:** Falls gewünscht, einige Eiswürfel hinzufügen und erneut mixen.

3. **Servieren:** Den Milchshake in Gläser füllen und nach Belieben mit gerösteten Mandelsplittern garnieren. Sofort servieren.

Erdbeer-Rhabarber-Eistee

Portionen: 4

Zubereitungszeit: 20 Minuten (+ Kühlzeit)

Zutaten:

- 200 g frische Erdbeeren, geviertelt
- 200 g Rhabarber, in Stücke geschnitten
- 1 Liter Wasser
- 4 schwarze Teebeutel
- 100 g Zucker
- Saft von 1 Zitrone
- Eiswürfel
- Erdbeeren und Zitronenscheiben zum Garnieren

Zubereitung:

1. **Rhabarber und Erdbeeren kochen:** Rhabarber und Erdbeeren mit 500 ml Wasser und Zucker in einem Topf zum Kochen bringen. Etwa 10 Minuten köcheln lassen, bis der Rhabarber weich ist.

2. **Tee zubereiten:** Teebeutel in 500 ml kochendem Wasser ziehen lassen, dann die Teebeutel entfernen.

3. **Mischen:** Den Rhabarber-Erdbeer-Sirup durch ein Sieb in eine Karaffe gießen, um die festen Bestandteile zu entfernen. Den abgekühlten Tee und Zitronensaft hinzufügen und gut umrühren.

4. **Kühlen:** Den Eistee im Kühlschrank kalt stellen.

5. **Servieren:** Mit Eiswürfeln in Gläser füllen und mit Erdbeeren und Zitronenscheiben garnieren.

Apfel-Ingwer-Smoothie

Portionen: 2

Zubereitungszeit: 10 Minuten

Zutaten:

- 2 Äpfel, entkernt und in Stücke geschnitten
- 1 Banane
- 1 Stück Ingwer (ca. 2 cm), geschält und gehackt
- 200 ml Apfelsaft
- 200 ml Joghurt (natur oder Vanille)
- 1 EL Honig oder Ahornsirup (nach Geschmack)
- Eiswürfel (optional)

Zubereitung:

1. **Mixen:** Äpfel, Banane, Ingwer, Apfelsaft, Joghurt und Honig in einen Mixer geben und glatt pürieren.
2. **Kühlen:** Falls gewünscht, einige Eiswürfel hinzufügen und erneut mixen.
3. **Servieren:** Den Smoothie in Gläser füllen und sofort servieren.

Kapitel 7: Vorratshaltung und Vorbereitung

Die besten Vorratszutaten

1. **Getreide und Hülsenfrüchte:**
   - Reis (Basmati, Jasmin, Wildreis)
   - Nudeln (Vollkorn, Spaghetti, Penne)
   - Quinoa, Bulgur, Couscous
   - Linsen (rote, grüne, braune)
   - Kichererbsen und Bohnen (getrocknet oder in Dosen)

2. **Konserven und Gläser:**
   - Tomaten (gehackt, passiert, Tomatenmark)
   - Kokosmilch
   - Thunfisch, Sardinen
   - Oliven und Kapern
   - Gemüsebrühe, Hühnerbrühe (Würfel oder flüssig)

3. **Gewürze und Kräuter:**
   - Salz und Pfeffer
   - Paprikapulver (süß, scharf)
   - Oregano, Basilikum, Thymian
   - Kurkuma, Kreuzkümmel, Koriander
   - Zimt, Muskatnuss

4. **Grundnahrungsmittel:**
   - Mehl (Weizen, Dinkel, Vollkorn)
   - Zucker (weiß, braun, Puderzucker)
   - Haferflocken
   - Backpulver, Natron
   - Hefe (trocken oder frisch)

5. **Öle und Fette:**
   - Olivenöl, Rapsöl
   - Kokosöl
   - Butter, Ghee

6. **Lang haltbares Gemüse und Obst:**
   - Zwiebeln, Knoblauch
   - Kartoffeln, Süßkartoffeln
   - Äpfel, Zitronen

Meal-Prep für die Woche

1. **Planung:**
   - Erstellen Sie einen Wochenplan mit Mahlzeiten.
   - Berücksichtigen Sie Abwechslung und Ernährungsbedürfnisse.

2. **Einkauf:**
   - Schreiben Sie eine detaillierte Einkaufsliste basierend auf Ihrem Wochenplan.
   - Kaufen Sie in großen Mengen ein, um Zeit zu sparen.

3. **Vorbereitung:**

   - Waschen, schälen und schneiden Sie Gemüse vorab.

   - Kochen Sie Getreide wie Reis oder Quinoa in großen Mengen.

   - Bereiten Sie Proteine wie Hähnchen, Tofu oder Fisch vor und portionieren Sie diese.

4. **Lagerung:**

   - Verwenden Sie luftdichte Behälter oder Gefrierbeutel.

   - Beschriften Sie die Behälter mit dem Datum und Inhalt.

5. **Tägliche Nutzung:**

   - Kombinieren Sie vorgekochte Zutaten zu schnellen Mahlzeiten.

   - Variieren Sie Gewürze und Soßen, um Abwechslung zu schaffen.

Schnell und frisch: Einkaufstipps

1. **Lokale Märkte:**

   - Kaufen Sie frische, saisonale Produkte auf Wochenmärkten.

   - Unterstützen Sie lokale Landwirte und erhalten Sie frische Zutaten.

2. **Planen Sie Ihren Einkauf:**

   - Erstellen Sie eine Einkaufsliste und halten Sie sich daran.

   - Vermeiden Sie Impulskäufe und sparen Sie Zeit.

3. **Wählen Sie Qualität:**

   - Achten Sie auf Bio-Produkte und nachhaltige Verpackungen.

- Prüfen Sie die Frische der Produkte.

4. **Häufigkeit:**

   - Kaufen Sie lieber öfter und in kleineren Mengen ein, um stets frische Zutaten zu haben.

5. **Lagerungstipps:**

   - Lagern Sie Obst und Gemüse getrennt, um die Haltbarkeit zu verlängern.

   - Bewahren Sie Kräuter in einem Glas Wasser im Kühlschrank auf, um sie frisch zu halten.

Reste sinnvoll verwerten

1. **Kreative Rezepte:**

   - Verwenden Sie übrig gebliebenes Gemüse für Suppen oder Eintöpfe.

   - Machen Sie aus Reisresten gebratener Reis mit Ei und Gemüse.

2. **Reste einfrieren:**

   - Portionieren Sie übrig gebliebene Mahlzeiten und frieren Sie diese ein.

   - Beschriften Sie die Behälter mit dem Inhalt und dem Datum.

3. **Aufläufe und Gratins:**

   - Kombinieren Sie verschiedene Reste zu einem herzhaften Auflauf.

   - Überbacken Sie mit Käse für zusätzlichen Geschmack.

4. **Salate und Wraps:**

   - Nutzen Sie übrig gebliebenes Fleisch oder Tofu für schnelle Salate.

- Füllen Sie Wraps oder Tortillas mit Resten für ein schnelles Mittagessen.

5. **Smoothies und Säfte:**
   - Verwenden Sie reifes Obst für Smoothies oder Säfte.
   - Kombinieren Sie verschiedene Früchte für einen gesunden Drink.

Diese Tipps und Strategien helfen Ihnen, Ihre Vorräte effizient zu nutzen, die Essensvorbereitung zu optimieren und Lebensmittelabfälle zu minimieren.

Schlusswort

Liebe Leserinnen und Leser,

herzlichen Dank, dass Sie „Eilige Gaumenfreuden: Schnelle und einfache Rezepte für geschmackvolle Momente" in Ihre Küche eingeladen haben. Ich hoffe, dass die vielfältigen Rezepte und Tipps Ihnen den Alltag erleichtern und Ihnen viele köstliche Momente bescheren. Ob Sie ein schnelles Frühstück zubereiten, eine nahrhafte Mahlzeit für die ganze Familie kreieren oder einfach nur Lust auf etwas Süßes haben – ich hoffe, Sie haben neue Lieblingsrezepte entdeckt und sind inspiriert, weiterhin kreativ in Ihrer Küche zu sein.

Weiterführende Rezepte und Inspirationen

Wenn Sie nach weiteren Rezeptideen und Inspirationen suchen, empfehle ich Ihnen, folgende Ressourcen zu nutzen:

1. **Food-Blogs und Websites:**

   - Es gibt zahlreiche Blogs und Websites, die sich auf schnelle und einfache Rezepte spezialisiert haben. Schauen Sie sich um und lassen Sie sich inspirieren.

2. **Soziale Medien:**

   - Plattformen wie Instagram, Pinterest und YouTube bieten eine Fülle von Rezeptvideos und -ideen. Folgen Sie Ihren Lieblingsköchen und entdecken Sie täglich neue Rezepte.

3. **Kochkurse und Workshops:**

   - Viele Kochschulen bieten Kurse an, die sich auf schnelle und gesunde Küche konzentrieren. Diese Kurse sind eine großartige Möglichkeit, neue Techniken zu erlernen und andere Kochbegeisterte zu treffen.

4. **Kochbücher:**

- Es gibt eine Vielzahl von Kochbüchern, die sich auf verschiedene Küchen, Ernährungsweisen und Kochtechniken spezialisiert haben. Stöbern Sie in Ihrer lokalen Buchhandlung oder Bibliothek nach weiteren Inspirationen.

5. **Eigene Kreationen:**

- Lassen Sie Ihrer Kreativität freien Lauf und experimentieren Sie mit den Zutaten, die Sie zur Hand haben. Oft entstehen die besten Gerichte aus spontanen Ideen und mutigen Kombinationen.

Ich wünsche Ihnen viel Freude beim Kochen und Genießen der Gerichte. Möge jede Mahlzeit, die Sie zubereiten, nicht nur Ihren Gaumen erfreuen, sondern auch ein Stück Glück und Zufriedenheit in Ihren Alltag bringen.

Herzliche Grüße,

Ihr Rafia

Impressum

1. Auflage

E-Mail: rafiasalam82@gmail.com